健康政策の経済分析
レセプトデータによる評価と提言

岩本康志／鈴木 亘／両角良子／湯田道生［著］

東京大学出版会

Economic Analysis of Health Policy:
Evidence and Suggestions from Social Insurance Claims Data
Yasushi IWAMOTO, Wataru SUZUKI, Ryoko MOROZUMI and Michio YUDA
University of Tokyo Press, 2016
ISBN 978-4-13-046120-7

はしがき

　急速に進む高齢化や長寿化，医療・介護分野の技術革新等により，わが国の医療費，介護費は増加を続けている．また，人口の多くが高齢者となる時代に向けて，健康寿命の延伸，高齢者の「生活の質」（QOL, Quality of Life）の改善等も大きな政策課題となっている．

　そのため，近年は矢継ぎ早に医療・介護制度の改革が実施されている．重点が置かれている施策としては，(1) 支払方式がもつインセンティブによって患者と医療・介護サービス提供者の行動を誘導すること（患者自己負担の引き上げ，保険料（率）の引き上げ，診療報酬や介護報酬の実質引き下げ，包括医療費支払い制度（DPC/PDPS, Diagnosis Procedure Combination/Per-Diem Payment System の導入等）），(2) サービス提供体制を改革し，整備すること（医薬分業の推進，地域包括ケアシステムの構築，介護施設給付の見直し，医療機関の病床再編等），(3) 疾病・虚弱の予防に取り組むこと（特定健診・保健指導の実施，介護予防給付の創設等），の3点を挙げることができる．

　経済的インセンティブに関係する施策は当然，経済学的分析が進んできたものの，後者の2つの分野の施策の評価には医学的視点が必要になってくるので，経済学者による分析は相対的に遅れていると言える．しかしながら，使用される資源への影響や政策の因果効果の推定には，経済学的分析が有用である．また，費用の適正化（削減）を図る経済的インセンティブの付与は保険機能の低下という副作用とのトレードオフに直面するが，ニーズに合致するようにサービス提供体制を変えていく施策は，費用の低下と質の向上のどちらか，あるいは両方を達成できる潜在的可能性があるという点から，現在の問題を改善するためには効果的であることが期待され，そのあり方について研究することは重要と思われる．

　ところが，これらの制度改革によって保険財政や QOL の改善がみられたかどうかは定かではない．それどころか，それぞれの改革がどの程度の効果を発

揮したのか，効果を発揮していないとすればどこに課題があったのか，それはどのように修正可能なのかといった「政策評価」も，十分に行われているとは言い難い．その背景には，わが国の医療・介護分野の政策決定が高度に政治的であり，PDCA（plan-do-check-act）サイクルが十分に根付いていないことがまず挙げられる．

このことは，ニーズに合わせたサービスを提供する施策の推進に当たって，深刻な問題となる．こうした施策が有効となる背景には，施策の評価を行う仕組みが組み込まれていないため，現状の提供体制がニーズに適切に対応していないことがある．すると，PDCAサイクルが根付かないまま施策を推進すれば，それは問題をもたらす原因を放置して，問題の解決に向かう愚を犯していると言える．現在の医療・介護制度改革において，根拠に基づく政策立案ができる体制を実現することは，改革の成果をより大きくするということではなく，そもそも改革を成功させるための前提条件なのである．

厳密な政策評価を行うことを極めて困難にしている問題には，医療・介護分野で利用可能なミクロデータ（micro data）が非常に未整備な状況であるという課題も存在する．

この問題は，都道府県や市町村ではさらに深刻である．近年の医療・介護制度改革では，地域別の政策立案・評価が重要になりつつある．しかしながら，こうした地域単位の政策立案・評価に必要なデータ資源は，全国単位のそれに比べてさらに未整備な状態である．そこで我々の研究班は，健康施策の先進県である福井県の全面協力を得て，同県をフィールドにして，地域医療・地域介護における「根拠に基づく健康施策」のパイロットスタディーを実施することにした．

幸いにも，西川一誠福井県知事の強力なリーダーシップに支えられ，2009年度からは，福井県と東京大学高齢社会総合研究機構による共同研究の一環として，本格的な研究を実施する機会を得た．具体的には，福井県国民健康保険団体連合会が共同電算処理で管理している調査客体について，医療保険（国民健康保険）レセプト，介護保険レセプト，特定健診・特定保健指導データの情報を個人間で接合した「総合的パネルデータ」を構築し，それをベースにさまざまな政策研究や政策評価を行ってきた．

個人の受けた医療・介護サービス，特定健診の情報を連結するデータベースの構築は，これまでもいくつかの研究プロジェクトで試みられてきたものの，いずれも単一の市町村や病院単位等，小規模かつ試行的なものでしかなかった．福井県の全市町という大規模なフィールドで，このような「ビッグデータ」を構築したことは，その時点において，画期的な取り組みであったと言えよう．本書は，この貴重なデータを用いて，これまで4名の共著論文の形で学会，学術雑誌等に発表してきた共同研究の成果をまとめたものである．

　本書の研究は，数多くの方々の温かいご支援がなければ到底実現ができなかったものである．一々お名前を挙げることは控えさせていただくが，福井県の総合政策部政策推進課，健康福祉部長寿福祉課の担当の皆様には，画期的なデータベースの構築に際して各方面との調整に大変な尽力をいただくとともに，研究の進行にも温かいご支援をいただいた．毎年度，福井県下の市町の医療・介護施策担当者に向けた成果報告会を開催したが，日常の業務でご多忙のなか出席いただいた担当者の方からは，現場に即した，数多くの貴重な示唆をいただいた．その他にも多数の医療・介護関係者の方々が，福井県下の状況に関する筆者らの質問に温かく答えてくださった．福井県国民健康保険団体連合会，株式会社福井システムズの担当者からは，データベースの構築作業をしていただくとともに，データに関する質問に快くご回答をいただいた．共同研究のもう一方の当事者である東京大学高齢社会総合研究機構の関係者の皆様にも，本研究の遂行にひとかたならぬご配慮をいただいた．また，学会や研究会での発表の際には，予定討論者，座長，会場の皆様から分析の改善に関する貴重なご示唆をいただいた．なお，一連の研究は，厚生労働科学研究費補助金（H21—政策—一般—008）およびJSPS科研費 JP24330098，JP25780186，JP15H01950 の研究助成を受けた．また，本書の刊行にあたり，東京大学大学院経済学研究科より2016年度経済学研究科助成・研究成果刊行援助費の支給を受けた．最後に，本書をとりまとめるにあたっては，東京大学出版会の依田浩司氏には大変にお世話になった．ここに記して，感謝の意を表したい．

　2016年10月

著者一同

目　次

はしがき　i

序章　根拠に基づく健康政策（EBHP）に向けて ─────1

1　問題意識　1
2　データについて　4
3　福井県の特性　7
4　各章の紹介　10

第Ⅰ部　費用構造の解明

第1章　医療費・介護費の集中度と持続性 ─────19

1　はじめに　19
2　データ　20
3　医療費，介護費の集中度　21
4　医療費，介護費の関係　24
5　医療費，介護費の集中度の持続性　31
6　おわりに　36

第2章　死亡前1年間の医療費・介護費 ─────39

1　はじめに　39
2　データ　41
3　計量経済モデル　46
4　推定結果　48

5　おわりに　50

第3章　高齢者の社会的入院 ─────────────53
　　　　　介護保険導入後に減少したか

1　はじめに　53
2　データ　56
3　費用ベースの社会的入院の定義　57
4　社会的入院の定量化　60
5　社会的入院の分析　62
6　おわりに　67

第3章補論　連続入院期間から定義した
　　　　　　「社会的入院」規模の推計 ─────────69

1　問題意識　69
2　連続入院期間ベースの「社会的入院」の定義　69
3　連続入院期間別の入院医療費　71
4　連続入院期間から定義した「社会的入院」の規模　73

第II部　政策効果の分析

第4章　通所リハビリテーションの提供体制 ─────77
　　　　　介護費への影響

1　はじめに　77
2　分析対象とする町の特徴　80
3　データ　84
4　集計値から観察される結果　85
5　推定方法と推定結果　90
6　おわりに　94

第5章 介護予防給付 ———————————————97
　　　　　状態像への影響

 1 はじめに 97
 2 先行研究 98
 3 データ 101
 4 計量経済モデル 104
 5 推定結果 111
 6 おわりに 123

第6章 特定健診・特定保健指導 ———————————125
　　　　　「平均への回帰」への対処

 1 はじめに 125
 2 データ 128
 3 グラフによる単純比較 131
 4 分析手法 133
 5 分析結果 138
 6 おわりに 147

第 III 部　政策立案の支援

第7章 国民健康保険の財政予測 ———————————151

 1 はじめに 151
 2 文献展望 152
 3 推計方法 154
 4 推計結果 160
 5 おわりに 163

第8章 これからの健康政策への提言―――――165

1 本書の分析から得られる示唆　165
2 医療・介護データを接合する意義　167
3 社会実験の必要性　169
4 レセプトデータの整備の課題　170

補論　プログラム評価の計量経済分析―――――177

1 はじめに　177
2 プログラム評価手法の概略　178
3 差の差の推定法　181
4 マッチング法　185

参考文献　193
初出一覧　201
索　引　203

序章

根拠に基づく健康政策（EBHP）に向けて

1 問題意識

1.1 医療・介護制度改革の重要課題

　現在行われている医療・介護制度改革では，医療・介護に要する費用の適正化（削減）が重要視されている．質を低下させることなく費用削減を達成させるためには，現状で非効率的な資源の使われ方がなされていることが前提である．個別のサービス提供に含まれる非効率を地道に改善していく努力は不可欠であるが，同時に大きな費用削減が求められているなかでは，大きな成果が得られる箇所の特定化が必要である．これまでの経緯によって，大きな非効率が存在しうる分野には，以下の2点が挙げられる．

　第1に，介護サービスの提供体制の問題である．わが国の介護保険制度創設前の措置制度のもとでは，サービスの提供は自治体の財政状況にきびしく制約されており，利用者のニーズとの乖離が生じる，いわば非効率な提供体制となる土壌があった．介護保険導入により社会保険制度によって財源調達されることになり，ニーズがあればサービス提供の財源を得ることができる環境に変わった．こうしてサービスの拡大が始まったが，事前には適切なサービスがわからず，ニーズに合わないサービスが提供されていたり，措置時代の提供体制が現状のニーズに合わなかったりしていることがあるだろう．このような状況からは，自治体は単純に，ニーズに対応する量の拡大だけではなく，提供体制の改善により，効果を上げる余地があるものと考えられる．その顕著な問題として，「社会的入院」があり，また，さまざまな介護サービスにおいて不足やミスマッチが生じているのではないかと考えられる．

第2に，予防に重点を置いた施策の展開である．寿命の伸長により，高齢期の虚弱や生活習慣病への対処が需要となり，急性疾患への対処を中心とした医療サービスの提供体制は，必要なニーズに合わなくなっている．そこで近年は，疾病や虚弱への予防を重視し，高齢者が医療・介護費を使わないようにする取り組みに力が入れられている．介護予防給付の新設，特定健康診査（特定健診）・特定保健指導の導入はきわめて大きな改革であったが，改革前にその効果が科学的・客観的に確認されてはいなかったことから，はたして効果があるのかという懸念の声もあった．効果がなければ，予防事業に経費をかけるだけ事態はむしろ悪くなってしまう．施策の効果分析は喫緊の課題である．

このような背景から，本書では，疾病や虚弱の発生後のサービス提供に偏重していた現状から，その予防にサービス資源を転換する施策を「健康政策」と呼ぶことにして，経済学的な視点からの分析を行うことにしたい．健康政策を展開する際には，医療と介護のニーズには相互依存関係があり，それに即した提供体制の連携が必須であることを念頭に置く必要がある．そして健康政策を評価する際には，医療と介護の相互依存関係を把握できるようなデータが必要とされる．

また，近年の医療制度改革では，後期高齢者医療制度の創設，協会けんぽの都道府県別再編，都道府県による国保財政の運営，都道府県単位での医療・介護サービス提供体制の整備計画策定等，都道府県単位での施策の展開が重要になっている．また，医師や介護人材の不足，介護施設の不足，健康増進政策，医療提供体制の再編，地域包括ケアシステムの構築といった重要課題についても，地域間の偏在・相違は大きく，全国一律の健康政策の立案・評価よりも，地域別の政策立案・評価が重要になりつつある．

1.2 ミクロデータ活用の重要性

こうした目的に適したデータを得るため，我々は福井県および県下の17市町の協力を得て，福井県全県の国民健康保険レセプト，介護保険レセプト，特定健診データを接合した「総合的パネルデータ」を作成した．全県レベルで医療・介護・特定健診の情報を接合できるのは，このデータベースが全国初となる．

医療・介護分野で利用可能なミクロデータは，これまで未整備な状況にあった．ミクロデータとは，全国単位で集計されたマクロデータと対比される概念であり，集計前の個人ごと，あるいは施設ごとの「生のデータ」である．マクロデータよりもミクロデータの方が，政策変更に対する個人ごと，施設ごとの反応を細かく追うことが可能である．ミクロデータは，えてして膨大な数の「ビッグデータ」になりがちであることから，その情報処理が難しいことが問題であったが，コンピュータの計算能力が飛躍的に高くなった今日では，もはや技術的な点はあまり制約にならない．

医療・介護分野は，もともと「元祖ビッグデータ」と呼ぶべき大量のレセプトデータ（業務支払いデータ）を有しており，また，厚生労働省が実施している官庁統計も数多い．しかしながら，その膨大なデータが活用されなかったり，一部の限られた者に利用が制限されるなどして，これまでは有効な政策評価，立案に十分に結びついてこなかった[1]．海外では，こうしたミクロデータが一般の研究者等にも広範に公開され，「根拠に基づく健康政策（EBHP, evidence-based health policy）」として，早くから膨大な数の政策評価・政策研究が実施されており，それが政策立案にも生かされている．わが国の現状と比べると，まことに彼我の差が大きいと言わざるを得ない．

1.3 ナショナルデータベースの活用に向けて

さて，本研究の開始後，国の施策においても，こうしたミクロデータ活用の重要性が認められ，現在では，医療保険レセプトデータと特定健診・特定保健指導等の情報を接合した「レセプト情報・特定健診等情報データベース（NDB，ナショナルデータベース）」が全国単位で構築され，全国や都道府県の医療費適正化計画等に活用されつつある．2011年から2年間の試行期間を経て，現在，政策研究等に対する一般利用が検討されているところである．

まさに，医療分野におけるミクロデータ活用のビッグバン前夜という状況で

---

[1] これまでも，一部の限られた研究者により，医療分野・介護分野の業務支払いデータ（レセプトデータ）等のミクロデータを活用した研究は行われてきた．それらを代表するものとして，例えば，郡司編著（1998），鴇田（2004），田近・佐藤（2005），川上他編（2006），吉田（2009）等が挙げられる．

あり，今後，NDBを活用した「根拠に基づく健康政策（EBHP）」への展開が期待されるところである．その新時代における政策評価，政策研究に資するためにも，我々が2009年から実施してきた「総合的パネルデータ」による研究を，広く世の中に紹介することは一定の意義があるだろう．これが，本書をとりまとめた我々の目的である．なお，現在，NDBは介護保険レセプトデータとの接合ができておらず，初期の設計の問題から多数の個人について，特定健診データとの接合もうまくできていない．これらのデータを接合した福井県の「総合的パネルデータ」を用いることでNDBではできない分析も可能になることがあり，NDB構築後も価値を有している．

2　データについて

本書で用いている「総合的パネルデータ」について，あらためて詳しい説明を行っておこう．このデータは，福井県，福井県下の17市町，福井県国民健康保険団体連合会および福井県後期高齢者医療広域連合の協力によって得られた①医療保険給付費レセプトデータ，②介護保険給付費等レセプトデータ，および③特定健診・特定保健指導のミクロデータである．それぞれのデータの概略は表序-1にまとめた通りである．

これらのデータは，福井県国民健康保険団体連合会が共同電算処理で管理している調査客体をベースに，我々研究グループが作成した仕様書を元に特別に作成された．①～③については，同一の個人である場合にはそれぞれのデータ

表序-1　総合的パネルデータの概要

データ	国　保	後期高齢者	その他
医　療	2003年10月 -2008年9月 約341,000人/月	2008年4月 -2010年10月 約66,000人/月	
介　護	2003年4月 -2009年10月 約14,000人/月	2008年4月 -2009年10月 約34,000人/月	2003年4月 -2009年10月 約16,000人/月
特定健診	2008-2010年度 約41,000人/年		
福井県統計年報（2010）	193,778人	105,339人	507,197人

出所：筆者作成．

を接合できることが大きな特徴となっている．各データの個人情報保護方法については，各市町の個人情報保護審査会，東京大学・富山大学・中京大学の倫理委員会で倫理審査を受け，承認を得ている．

2.1 医療保険給付費レセプトデータ

医療保険給付費レセプトデータは，国民健康保険（国保）データと後期高齢者医療制度データからなる．

国保データは，福井県全市町の国保加入者（国保組合加入者は含まない）の医科（入院外，入院）・歯科・調剤の4種類のレセプトデータから構成されている月次パネルデータである（これをAデータおよびCデータ[2]と呼ぶ）．調査客体は，Aデータが2007年1月に国保に加入していた約25万6000人，Cデータが2003年10月から2008年10月までに1か月でも国保に加入していた約34万1000人（月平均）である[3]．AデータおよびCデータには，個人識別番号[4]，性別，年齢（2003年10月時点），市町村コード，資格喪失事由（非該当，転出，死亡，その他の事由），資格喪失年月，診療区分（入院，入院外，歯科，調剤），月次番号，保険区分（一般，退職者，老健），日数，レセプト件数，医療費，給付費，食事療養費，食事療養費標準負担額，一部負担金，薬剤一部負担額，高額療養費（現物分），公費負担額が記載されている．この月次データの他に，毎年5月の診療分作成時に作られる詳細な属性情報を，個人属性を把握するためのデータ（Bデータと呼ぶ）として作成し，必要に応じてAデータもしくはCデータとマージさせて使用している．このBデータには，AデータやCデータと共通の個人識別番号，重複コード，性別，年齢（2007年1月時点），市町村コード，保険区分，毎年5月疾病名（121分類），診療開

---

[2] 我々の研究プロジェクトにおいて命名した呼称である．データ提供時に稼働していた新・保険者事務共同電算処理システム（新共電）の月次パネルデータ（Aデータ）は，稼働して間がなかったため，十分な長さのデータにならなかった．このため，Aデータとともに，それ以前に稼働していたシステムにあったデータの提供も受け，これをCデータと呼んだ．
[3] 対象者が極めて少ない等の理由から，個人が特定される可能性があると行政が判断した一部の項目は，データの提供が行われていない．
[4] この番号は，個人情報保護のために，福井県国民健康保険団体連合会が被保険者番号に代わるランダムな番号を割り当てたもので，研究者側は実際の個人を特定することができない（図序-1）．

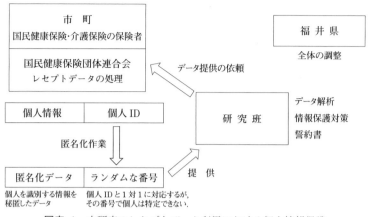

図序-1 本研究のレセプトデータ利用における個人情報保護
出所：筆者作成．

始日，診療日数，医療費，給付費，診療区分，診療科区分，医療機関種別，医療機関番号（市町村コード部分のみ）が記載されている．

後期高齢者医療制度データは，本書に収録された研究では用いられていないため，詳細は省略するが，2008年4月から2010年10月までに1か月でも福井県後期高齢者医療制度加入者であった者を対象に，国保データのCデータとほぼ同様の情報をもつものである．

2.2 介護保険給付費等レセプトデータ

介護保険給付費等レセプトデータは，福井県全市町において，2003年4月から2009年10月の間に要介護認定を受け被保険者番号を有する約3万5000人（月平均）の個人ごとの介護保険給付費等が記載されている月次パネルデータである．このデータには，介護レセプトにおける個人識別番号，前述の医療保険給付費レセプトデータと共通の個人識別番号（国保加入者でない場合は欠損値），性別，年齢，要介護度，保険者コード，資格取得年月，資格喪失年月，サービス種類コード，利用実日数，計画点数，介護報酬請求額，利用者負担額が記載されている．

2.3 特定健診・特定保健指導データ

特定健診・特定保健指導データは，福井県全市町において，2008年度から2010年度に特定健診・特定保健指導を受診した4万1000人（年度平均）の個票パネルデータである．このデータには，個人識別番号の他に，国保レセプトと共通の個人識別番号（国保加入者でない場合は欠損値）が含まれているため，健診情報と医療利用に関する情報を個人レベルで接続して利用することが可能である．

具体的な記載項目は，上記2つの個人識別番号の他に，個人の年齢，性別，市町村コードといった基本的な情報に加えて，健診で測定された検査値（身長，体重，腹囲，内臓脂肪面積，自覚症状の有無，既往歴，収縮期血圧，拡張期血圧，中性脂肪（トリグリセリド），HDL コレステロール，LDL コレステロール，GOT，GPT，γ-GTP，採血時間，空腹時血糖，HbA1c（ヘモグロビンA1c），尿糖，尿蛋白，ヘマトクリット値，ヘモグロビン値，赤血球数，喫煙の有無，服薬の有無（血圧，血糖，脂質）のほか，メタボリックシンドローム判定，健診指導レベル（積極的支援対象者，動機付け支援対象者），支援レベル，行動変容ステージ）が含まれている．

3 福井県の特性

ところで，本書の分析は福井県のデータに基づいて行われているため，厳密に言えば，その結果や結論，そこから導かれる政策的含意は，福井県のみに適用が限定されるべきものである．しかしながら，「総合的パネルデータ」は，大規模で代表性の高いデータであるから，福井県と全国の特性の差を考慮して解釈し直すことにより，全国的にも通用する結論や政策的含意が得られる可能性は十分にある．

そこで，福井県の特性をここで概観しておくことにしよう．まず，図序-2 は福井県の地図である．福井県は日本海側に面した北陸地方に位置しており，石川県，岐阜県，滋賀県，京都府と県境を接している．福井県は県庁所在地の福井市をはじめとして17の市町（9市8町）から構成されており，市町国保の保険者数は17，介護保険の保険者数は16（坂井市とあわら市が広域連合を

図序-2 福井県の地図
注：国土交通省国土地理院の「電子国土 Web システム」の「電子国土 Web.NEXT（試験公開）」の白地図を加工して作成した．

作っているため）である．福井県内の2次医療圏は，①福井・坂井（福井市，あわら市，坂井市，永平寺町），②奥越（大野市，勝山市），③丹南（鯖江市，越前市，池田町，南越前町，越前町），④嶺南（敦賀市，小浜市，美浜町，高浜町，おおい町，若狭町）の4つである．福井県は，嶺北地方（①から③まで）と嶺南地方に区分される．嶺北と敦賀市が令制国の越前国，敦賀以外の嶺南が若狭国に相当する．

　表序-2は，2010年度における福井県と全国の医療・介護に関連する主要指標を比較したものである．まず，(1)は人口動態についての主な指標をみている．福井県は「健康長寿県」として知られているだけあり，平均寿命は，男女ともに全国平均を大幅に上回っている．都道府県順でみると，男性は全国3位，女性は6位である．また，高齢化率も24.9％と全国を上回っている．独居老人が少なく，子どもや孫などと住んでいる高齢者が多いことも特徴的である．

　(2)と(3)は医療関係の主要統計を比較したものである．(2)の医療利用については，市町村国保・後期高齢者医療制度ともに，1人当たり医療費は全国平

表序-2 福井県の特性

	単位	福井県	全国
(1) 人口動態関係			
平均寿命（男性）	歳	80.5	79.6
平均寿命（女性）	歳	86.9	86.4
高齢化率（65歳以上人口割合）	%	24.9	22.8
65歳以上の親族がいる世帯割合	%	46.8	37.3
(2) 医療利用（費用は加入者1人当たり）			
市町国保総額	千円/年	318.0	294.0
後期高齢者総額	千円/年	891.0	868.0
市町国保入院医療費	千円/年	138.0	114.0
後期高齢者入院医療費	千円/年	484.0	455.0
平均在院日数（一般病院）	日	28.0	27.1
(3) 医療機関数（65歳以上人口1,000人当たり延べ数）			
病院数	施設	0.4	0.3
診療所数	施設	3.0	3.4
歯科診療所数	施設	1.4	2.3
病院病床数	床	57.8	54.5
(4) 要介護度			
要支援1	%	7.8	13.1
要支援2	%	12.6	13.2
要介護1	%	18.3	17.9
要介護2	%	19.4	17.7
要介護3	%	14.8	13.8
要介護4	%	14.4	12.6
要介護5	%	12.6	11.7
(5) 介護費（受給者1人当たり）			
総額	千円/月	197.6	186.9
施設介護	千円/月	293.1	296.5
(6) 介護施設数（65歳以上人口1,000人当たり延べ数）			
介護事業所数	施設	22.7	21.5
介護保険施設数	施設	3.24	2.14
(7) 特定健診・保健指導関係			
特定健診実施率	%	40.4	42.6
特定保健指導実施率	%	15.6	13.3
メタボリックシンドローム割合	%	13.9	14.4

注：数字は全て2010年度のもの．『平成22年都道府県別生命表（厚生労働省）』，『平成22年度国勢調査（総務省）』，『平成22年度医療費の地域差分析（旧医療費マップ，厚生労働省）』，『平成22年医療施設調査（厚生労働省）』，『平成22年度介護給付費実態調査（厚生労働省）』，『平成22年度特定健康診査・特定保健指導に関するデータ』，『平成22年度介護サービス施設・事業所調査（厚生労働省）』より作成．

均を上回る．1人当たり医療費を都道府県順にみると，全国でそれぞれ19位，25位である．1人当たりの入院医療費や平均在院日数についても，全国平均よりもやや高くなっており，入院医療費は，市町村国保が全国で16位，後期高齢者で17位，平均在院日数は20位である．(3)は65歳以上人口数でみた医療機関密度を比較したものである．病院数・病床数は全国平均をわずかに上回るものの，診療所・歯科診療所の双方は全国平均よりも低い．

(4)〜(6)は，介護関係の指標について比較している．まず，(4)の要介護度の分布をみると，全国よりも重い要介護度の割合が高くなっていることがわかる．したがって，(5)受給者1人当たりの介護費は全国に比べてかなり高く，都道府県順位は8位となっている．もっとも，施設介護費に限ってみれば全国並みの25位である．(6)介護施設数は，事業所数，施設数ともに全国を上回る．特に，介護保険施設の充実ぶりが特徴的であり，施設整備率は常に全国トップクラスである．

最後に，(7)特定健診関係では，特に大きな特徴はなく，特定健診実施率も特定保健指導実施率も全国平均に近い．都道府県順位はそれぞれ23位，19位である．ただ，メタボリックシンドローム該当者の割合は全国よりもかなり低く，都道府県順位は低い方から11位となっている．

4 各章の紹介

本書は，医療・介護・特定健診の総合的パネルデータを用いた分析を示した第1章から第7章，分析の含意をまとめた第8章，および補論からなる．また，その対象と関心によって3部構成となっている．

まず第Ⅰ部は，医療サービスと介護サービスが相互依存関係にあることを念頭に置くことが重要との観点から，両者の費用面の相互依存関係に焦点を当てる．第1章と第2章では，個人の医療と介護のレセプトデータを接合できるメリットを活かし，両サービスの消費がどのような関係をもっているのかを明らかにする．第3章は，介護保険の導入が社会的入院の解消を図ったかを検討する．

第Ⅱ部は，個別の健康施策の因果効果を検証することを目的とする．第4

章が対象とする通所系の介護サービスと第5章が対象とする介護予防給付は，地域包括システム構築の重要な柱である．また，第6章が対象とする特定健康診断・特定保健指導は医療費適正化計画，データヘルス事業の中核となる施策である．

第III部は，政策立案を支援するための分析をとりあげている．第7章は，レセプトデータを国保財政の将来予測に応用する．2006年の医療制度改革で都道府県は医療費の伸びを抑える医療費適正化計画を策定することとなり，2008年度から導入された．また，国民健康保険の財政を都道府県単位で運営することが予定され，2025年の提供体制の姿を念頭に置いた地域医療構想の策定が求められている．こうしたことから，将来の医療費の予測は重要な役割を占め，レセプトデータによる分析を活用することが期待される．

第8章では，以上の分析結果をもとに，根拠に基づく政策立案に必要とされる取り組みを提言している．また，補論では，各章で用いられている計量的手法について，初学者に向けた簡単な解説を行った．

以下，各章の内容を簡単に紹介しておきたい．

第1章　医療費・介護費の集中度と持続性

第1章と第2章は，医療保険給付費レセプトデータと介護保険給付費等レセプトデータとを接合した分析を行っている．第1章では，まず，両データからの基礎的知見を得るために，65歳以上の高齢者について，医療費と介護費の分布特性を調べた．はじめに，医療費の集中状況を調べたところ，上位10%の医療費の消費は全体の約6割にも達していることがわかった．一方，介護費については医療費ほどの集中は発生しておらず，上位10%で約3割，上位30%で約7割の介護費の消費を行うにとどまっている．

次に，医療費と介護費の相関関係については，全体としては弱いながらも負の相関関係があることがわかった．この負の相関関係は，入院患者や介護施設入所者といった高額費用を消費する人々による影響が大きい．それらの人々を除いた在宅高齢者について分析すると，医療費と介護費の関係は無相関か，若干ながら正の相関となった．

さらに，5年間の生存者サンプルを抽出して，医療費，介護費の集中度がど

れくらいの期間,持続するかについても分析した.高額の医療費を消費している者は,時間経過にともなってすぐに平均値へ回帰する傾向がみられるが,高額の介護費を消費している者は,長い時間,高額の介護費を使い続けることがわかった.

こうした基礎的知見は,今後,医療費や介護費の予測を行ったり,一方に対する施策がもう一方にどのような影響を与えるかといった政策効果を予測する際に,有用なものとなるだろう.

第2章 死亡前1年間の医療費・介護費

第2章は終末期における医療と介護に関する分析である.終末期を迎えた高齢者には,集中的に医療サービスが投入されるため,それに応じて多額の医療費が消費されることが,すでによく知られている.しかしながら,介護費を含めた状況は,これまで必ずしも十分に明らかにされてこなかった.

そこで,高齢者が死亡前1年間に消費する医療費と介護費について分析したところ,①加齢とともに,医療費は低下するが,介護費は増加する,②要介護度が重くなるにつれて,医療費は低下するが,介護費は増加する,③実証分析の結果から,死亡前1年間に発生する介護費の上昇は,同期間の医療費を抑制するがその影響は小さいといったことが明らかとなった.こうした基礎的知見も,今後,終末期における医療と介護のあり方を考える上で,重要な判断材料を提供することになるだろう.

第3章 高齢者の社会的入院:介護保険導入後に減少したか

第3章も,医療・介護間の関係についての分析である.わが国で2000年から公的介護保険制度が導入された目的の1つは,非効率な医療資源消費である「社会的入院」を解消したいというものであった.しかしながら,実際,介護保険制度がスタートしても,社会的入院は依然として解消されていないと言われてきたが,その実態を,高齢者の医療保険給付費レセプトデータを用いて明らかにした.

社会的入院についてはさまざまな定義が考えうるために,4つの異なる方法を用いて推計を行った.その結果,入院者に占める社会的入院者の割合は,人

数ベースでみても，費用ベースでみても，1割から2割程度，存在することがわかった．

したがって，現在も決して少なくない規模の社会的入院が発生していることがわかったが，介護保険開始前に行われた同様の研究に比べて，その割合自体は減少している．介護保険の導入が社会的入院の減少に寄与したものと考えられる．

第4章　通所リハビリテーションの提供体制：介護費への影響

第4章，第5章では，介護保険給付費等レセプトデータを用いて，介護保険制度の政策評価を行う．第4章は，通所リハビリテーションの提供が，他の代替的な介護サービスに与える影響について分析した．通所リハビリテーションは，介護予防が重視される今日，ますます大きな役割が期待されるサービスである．しかしながら，特に地方部においてはその提供主体が限られており，地域的な偏在が起きている．

たまたま分析データの対象期間中に，福井県おおい町において通所リハビリテーションと介護予防通所リハビリテーションのサービス提供が始まった．これを一種の「自然実験」と捉えて，差の差の推定（DID, difference-in-differences）法を用いた分析を行った．

その結果，通所リハビリテーションの介護給付費が増加する一方，他の介護サービスの介護給付費の合計額がそれ以上に減少することがわかった．このことは，通所リハビリテーションがなかったために，これまで他のサービスでその需要が代替されており，非効率なサービス消費が行われていたことを意味する．地域偏在をなくし，多様なサービス提供することで，介護サービスの効率性を高められることが示唆される．

第5章　介護予防給付：状態像への影響

第5章では，2005年度の介護保険制度改革で導入された介護予防給付の政策評価を行った．具体的には，介護予防給付の導入前後において，初回の要介護認定時に（旧）要支援・要支援1の認定を受けた人々のその後の要介護度の推移を調べたところ，予防給付グループの要支援者割合は，介護給付グループ

のそれを上回っていることが確認された.

それでは，どのような種類の介護予防サービス利用が，要支援者の状態維持・改善に効果をもつのだろうか. 実証分析の結果からは，①訪問介護，通所介護および通所リハビリテーションの介護予防サービスを利用している個人の要介護度は，そうでない個人に比べて要支援にとどまる確率が高く，②要支援2・要介護1・要介護2に悪化する確率がそれぞれ低いことが明らかとなった.

第6章 特定健診・特定保健指導：「平均への回帰」への対処

第6章はレセプトデータではなく，特定健診・特定保健指導データを用いて政策評価を実施した. 特定健診・特定保健指導については，すでに2008年度から始まっている事業であるにもかかわらず，現在に至るまで，厳密な統計分析に耐えうるような政策評価が，十分に行われてきたとは言い難い. その原因の1つは，処置群と対照群に分けた介入をするなど，そもそも政策評価を行うことを前提とした調査設計がなされてこなかったことにある.

しかし，近年，経済学の分野で発展してきた「プログラム評価の計量経済学」を用いれば，理想的な調査設計がなされていない場合でも，一定の政策評価が可能である. 具体的には，処置前値をコントロールした固定効果モデル，マッチング法，差の差の推定（DID）法を用いて，特定保健指導の政策効果を検証した.

その結果，特定保健指導が腹囲やBMI（肥満度を表すボディマス指数）に与える効果はまったく確認できないか，確認できたとしても非常に小さいものであることがわかった. すなわち，果たして多額の公費を投じてまで実施するほど価値ある事業なのかどうか，疑問を呈する結果となった. 今後，NDBを使った厳密な政策評価やコストベネフィット分析を行い，特定健診・特定保健指導の是非について，十分に再検討を行う必要があると思われる.

第7章 国民健康保険の財政予測

第7章は，医療保険給付費レセプトデータが，国保財政の将来予測に当たっても有用な情報を提供しうることを明らかにした. 現在，各都道府県は医療費適正化計画の策定のため，それぞれの医療費，医療保険財政の将来予測を行う

ことが求められている．その際，医療費をできるだけ正確に推計することは，的確な予測を行う上で欠かせない作業である．

レセプトデータをどのように用いて推計作業を行い，それをどのように将来予測に役立てられるのか，本章では福井県を例にとり，具体的な方法を提示した．

第8章 これからの健康政策への提言

最後に，第8章では，これからの健康政策への提言を行った．本書で分析した，効率的なサービスの提供体制の整備，疾病・虚弱の予防への取り組みは，施策の意図に沿った一定の効果があったと認められ，政策の方向性は支持されたと言える．しかし，まだ改善の余地はあり，今後も意図の実現のための努力が必要とされる．医療・介護・特定健診のデータを接合できるという特色，また，接合しなくても全県レベルのデータで個人を追跡できるという特色から貴重な知見が得られているものの，データの活用は万全のものではない．このことから，根拠に基づく健康政策の進展のための3つの課題として，(1)医療と介護の関連を考慮すること，(2)政策効果の把握のために社会実験を行うこと，(3)より精緻な分析を可能にするデータの基盤を整備することを指摘している．

第Ⅰ部

費用構造の解明

第1章
医療費・介護費の集中度と持続性

1 はじめに

わが国で公的介護保険が導入された目的の1つに,「社会的入院の解消」がある.本来,介護サービスを求めているはずの人々が,医療機関に入院し,無駄に医療資源が消費されている状況を改善し,医療費効率化を図ろうとしたのである.

しかしながら,介護保険開始後,そのような当初の政策目的を達したのかどうか,検証している研究はいまだに少ない(畑農,2004;花岡・鈴木,2007;印南,2009;菊池,2010).また,その数少ない先行研究の中でも,介護保険導入によってどれだけの医療費が削減できたのか,定量的に事態を把握している研究は,畑農(2004)のみという状況である[1].

さらに,そもそも医療費と介護費の間にどのような関係があるのかという点についても,それほど多くの研究がある訳ではない(池田,2004a;2004b;河口他,2005a;2005b;菅原他,2005;橋口他,2004a;2004b;前田,2002).それどころか,両者の関係は正の相関なのか,負の相関なのかという最も基本的なことさえ,先行研究の間で意見が分かれている状態である[2].

---

1) 畑農(2004)は,社会的入院を6か月以上の長期入院と定義した上で,1999年度と2002年度の比較から,療養型病床群以外の病床における長期入院患者の医療費が約4000億円減少したと結論付けている.
2) 例えば,前田(2002)は都道府県別データを用いた分析により,1人当たりの老人医療費が高い地域ほど,1人当たりの介護費が高いという正の相関を見出している一方,池田(2004a;2004b)は市区町村別データを用いて,逆に代替関係が存在することを報告している.これに対して,菅原他(2005)は,河口他(2005a;2005b),橋口他(2004a;2004b)と同様,栃木県大田原市の老人保健レセプトと介護保険レセプトを個人単位で接続し,医療給付と介護給付の間

こうした状況に陥ってしまっている原因の1つは，この分野において利用可能なミクロデータが十分に整備されておらず，厳密な統計研究が困難なことにある．医療保険と介護保険のレセプトデータを個人単位でつなぎ合わせることすら困難であり，両者をつないだ数少ない先行研究も市町村レベルの小規模な調査にとどまっている[3]．

そこで本章は，福井県全体で作成された大規模なデータセットを用いることにより，医療費と介護費の関係や，それらの分布特性について，より代表性の高い分析を行うことにする．両者の関係のみならず，介護費については，基本的な分布特性も十分にわかっているとは言いがたい．医療費については，一部の人々に資源消費が集中していることはすでに知られているが（例えば，小椋・鈴木，1998），介護の場合はどうなのだろうか．また，医療費については，その集中の持続性が低いことが知られているが（菅・鈴木，2005），介護費の場合にはどうなのか．まずは，こうした基礎的な知見を地道に得ることが本章の目的である．

2 データ

本章で用いるデータは，医療保険給付費レセプトデータおよび介護保険給付費等レセプトデータである．この研究の実施時点において，利用可能なデータ期間は2003年10月から2008年9月までであり，65歳以上の高齢者にサンプルを限定した．ただし，2008年4月以降は，75歳以上の高齢者が後期高齢者医療制度に移行して医療保険給付費レセプトデータから脱落したため[4]，分析の連続性，代表性に鑑み，2003年10月〜2008年3月までのマッチングサンプルを分析対象とした．

に弱い負の相関が観察されることを報告している．この他，菅原他（2005）は，要介護度別の相関係数を計測しており，要介護度が高くなるほど負の相関係数の絶対値が高くなることを報告している．

3) 河口他（2005a；2005b），橋口他（2004a；2004b），菅原他（2005）は，栃木県大田原市のデータセット，菊池（2010）は福島県三春町のデータセットであり，残念ながら，その代表性はあまり高いとは言えない．

4) 後期高齢者医療制度発足にともなって，新しい加入者番号が振り直されたため，過去の医療保険データとの接続はおろか，介護保険データとの接続も不可能となってしまった．

医療保険，介護保険ともに，無受診月や無受診者を含む．マッチングサンプルの観測値数は 108 万 5116 であり，医療保険給付費レセプトデータ全体の 9.88% がマッチングされたことになる．一方，医療保険のみのレセプトデータの観測値数は 982 万 8045（同 89.48%）であり，わずかではあるが介護保険のみの観測値も 7 万 677（0.64%）ある[5]．

本章の分析で主に用いられているデータは，医療保険，介護保険の両者がマッチングできたものであり，これを「要介護認定者サンプル」と呼ぶことにする．この「要介護認定者サンプル」に関する分析の結論は，要介護認定を受けた 65 歳以上の高齢者に対する限定的なものになることを留意されたい．一方，この「要介護認定者サンプル」と，医療保険給付費レセプトデータのみの「非要介護認定者サンプル」を合計したものを，より代表性の高い「全サンプル」と呼び，必要に応じて用いることにする．

また，分析に当たっては，データの取り扱いが容易になるように，月次データを年次データへと集計して分析している．具体的には，2003～2007 年度までの 5 年のデータを作成した．2003 年度は，2003 年 10 月から 2004 年 3 月までの半年分のデータしか存在しないが，2 倍にして年換算を行った．また，死亡者，脱退者については，当該年度途中までを年換算して年次データとした[6]．

3 医療費，介護費の集中度

表 1-1～表 1-3 は，要介護認定者サンプルについて資源消費の集中度をみたものである．表 1-1 は，医療費について 10 分位を作り，各分位の平均医療費，

---

[5] 介護保険のみでマッチングできないデータがある理由は，医療保険データと介護保険データの作り方による．医療保険データは途中加入者を入れない追跡データとしている一方，介護保険データは収集中の全ての途中加入者を含むベースとしている．このため，収集月の途中に要介護認定を受けたサンプルは，医療保険と接続ができない．

[6] なお，本章のデータでは，医療保険で給付されていれば医療費，介護保険で給付されていれば介護費と定義されており，この点に一定の留意が必要である．つまり，実質的に同じケアの内容であっても，医療療養病床であれば医療費となり，介護療養病床で行われれば介護費となってしまっている．このため，医療費と定義される費用の中にも，機能面に着目するのであれば，本来は介護費と分類すべき内容が含まれている．また，印南（2009）が指摘しているように，一般病床にも幅広く存在する「社会的入院」についても，本章では医療費と分類されてしまっている．こうしたデータの限界がある点を踏まえて，本章の結果を解釈する必要がある．

表1-1 医療費の集中度（要介護認定者サンプル）

	平均医療費 (年額, 万円)	分位ごとの割合 (%)	累積割合 (%)
第1分位	0.0	0.0	100.0
第2分位	6.9	0.6	100.0
第3分位	19.4	1.6	99.4
第4分位	30.0	2.5	97.8
第5分位	42.2	3.5	95.4
第6分位	59.5	4.9	91.9
第7分位	87.6	7.2	87.0
第8分位	142.2	11.7	79.8
第9分位	256.0	21.1	68.0
第10分位	569.7	46.9	46.9

表1-2 介護費の集中度（要介護認定者サンプル）

	平均介護費 (年額, 万円)	分位ごとの割合 (%)	累積割合 (%)
第1分位	0.0	0.0	100.0
第2分位	0.3	0.0	100.0
第3分位	20.8	1.5	100.0
第4分位	44.0	3.2	98.5
第5分位	68.7	5.0	95.2
第6分位	108.8	7.9	90.2
第7分位	165.9	12.1	82.3
第8分位	247.2	18.0	70.2
第9分位	322.1	23.5	52.2
第10分位	392.6	28.6	28.6

表1-3 医療・介護費合計の集中度（要介護認定者サンプル）

	平均医療+介護費 (年額, 万円)	分位ごとの割合 (%)	累積割合 (%)
第1分位	21.6	0.8	100.0
第2分位	61.9	2.4	99.2
第3分位	96.8	3.7	96.8
第4分位	139.9	5.4	93.0
第5分位	195.5	7.6	87.6
第6分位	266.7	10.3	80.0
第7分位	334.1	12.9	69.7
第8分位	379.4	14.7	56.8
第9分位	439.9	17.0	42.1
第10分位	648.1	25.1	25.1

表1-4 医療費の集中度（全サンプル）

	平均医療費 (年額, 万円)	分位ごとの割合 (%)	累積割合 (%)
第1分位	0.0	0.0	100.0
第2分位	0.6	0.1	100.0
第3分位	6.8	1.2	99.9
第4分位	13.9	2.3	98.7
第5分位	20.2	3.4	96.4
第6分位	27.1	4.6	93.0
第7分位	35.8	6.0	88.4
第8分位	49.0	8.3	82.4
第9分位	81.5	13.7	74.1
第10分位	358.1	60.4	60.4

表1-5 医療・介護費合計の集中度（全サンプル）

	平均医療＋介護費 (年額, 万円)	分位ごとの割合 (%)	累積割合 (%)
第1分位	0.0	0.0	100.0
第2分位	1.2	0.1	100.0
第3分位	8.5	1.1	99.9
第4分位	15.7	2.0	98.8
第5分位	22.6	2.9	96.8
第6分位	30.7	3.9	93.9
第7分位	42.1	5.4	90.0
第8分位	64.1	8.2	84.6
第9分位	142.5	18.2	76.4
第10分位	457.0	58.2	58.2

各分位の医療費が全体に占める割合や累積割合を示したものである．先行研究と同様，やはり医療費の集中度が極めて高いことがわかる．上位10%（第10分位）の医療費が全体に占める割合は，ほぼ半分の46.9%である．また，上位30%（第8～第10分位）の医療費で，全体の約8割（79.8%）を占めることがわかる．

一方，表1-2をみると，介護費については，医療費に比べて集中度が低いことがわかる．上位10%（第10分位）の介護費が全体に占める割合は，約3割にあたる28.6%であり，上位20%（第9～第10分位）で，全体の約半分（52.2%）である．

表1-3は，医療費・介護費の合計額をみたものであるが，分布の集中度は介

護費よりも低く，上位10%（第10分位）が全体に占める割合は，4分の1程度（25.1%）である．これは，後述のように，上位の分位で医療費と介護費の間に負の相関があり，互いに相殺しあっていることを示唆している．

一方，表1-4，表1-5は，全サンプルでみた資源消費の集中度である．表1-4の医療費の分布をみると，表1-1よりもさらに分布の集中度が高く，上位10%（第10分位）の医療費が全体に占める割合は，全体の半分以上である60.4%となっている．ただ，上位30%（第8～第10分位）をみると，表1-1とほぼ同様の約8割（82.4%）である．介護費については，要介護認定を受けていない多くの高齢者の消費額が0であるために，第9～第10分位にほとんどの要介護認定者が含まれてしまい，分布をみる意味がないので省略している．表1-5の医療・介護費の合計額は，医療費分布に近い特性となっている．

4 医療費，介護費の関係

4.1 相関関係

医療費と介護費について，まず単純に散布図をとってみると，要介護認定者サンプルにおいても全サンプルにおいても，両者には弱いながら負の相関がみてとれる（図1-1，図1-2）．要介護認定者サンプルにおいて相関係数をとると，真数の場合で-0.255，対数の場合で-0.160である．

ただし，散布図や相関係数では金額の大きい部分の影響が大きくでるので，再び分位別（2007年度のデータのみ）にして，両者の関係をヒストグラム（度数分布）で確認したものが図1-3である．これをみると，やはり，医療費と介護費の間に負の相関があるのは，高い分位が大きく影響していることがわかる．すなわち，第1グループと輪で囲ってある介護費が第9・第10分位で医療費が第1・第2分位の人々，あるいは第2グループとして囲った医療費が第10分位で介護費が第1・第2・第3分位の人々の割合が高く，それが負の相関に大きく影響しているようである．逆に，第1グループ，第2グループを除けば，医療費と介護費の関係は異なったものになり，若干ながら正の相関が現れるようにみてとれる．

このことを確かめるため，図1-4には，医療費の第10分位，介護費の第

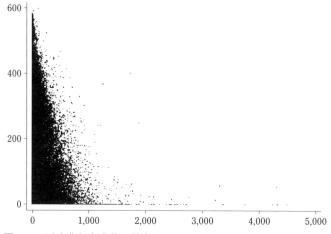

図1-1 医療費と介護費の散布図(年次データ,真数表示,要介護認定者サンプル)

注:縦軸医療費,横軸介護費(万円,年額).

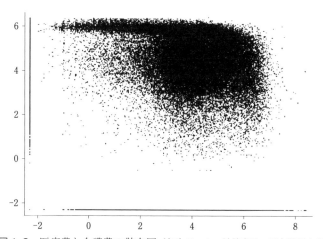

図1-2 医療費と介護費の散布図(年次データ,対数表示,要介護認定者サンプル)

注:縦軸医療費,横軸介護費(万円,年額).

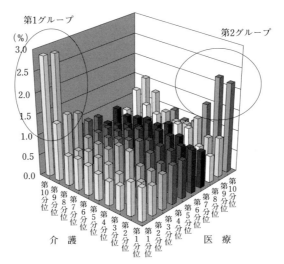

図1-3　分位別の分布状況1（要介護認定者サンプル）

9・第10分位を除いたヒストグラムを示している．やはり，両者の関係は，むしろ若干の正の相関になっているようである．相関係数をとっても，真数で0.0157，両対数で0.1159と正の関係が現れた．

一方，当然のことであるが，第1グループ，第2グループだけで相関係数をとると，真数で−0.8705，両対数で−0.7801となり，かなり高い負の相関が確認できる．それでは，この第1グループ，第2グループの人々は，いったいどのような人々なのであろうか．

表1-6は，グループの個人属性についていくつかの指標をみたものであるが，一目瞭然であるのは，第1グループ（介護費高，医療費低）で3施設（特別養護老人ホーム（特養），介護老人保健施設（老健），介護療養病床）の入所者が多く，第2グループ（医療費高，介護費低）で入院患者が多いという事実である．

当然ながら，第1グループでは要介護度が高い人々が多く，第2グループはそれほど要介護度が高くない．つまり，単に介護施設入所者は医療費をあまり使わず（使えず），入院患者は介護費をあまり使わない（使えない）という事実（制約）が大きく影響しているようである．

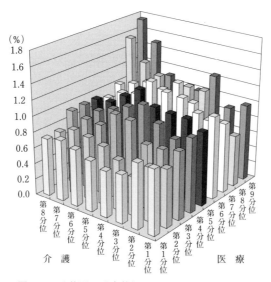

図 1-4 分位別の分布状況 2（要介護認定者サンプル）

表 1-6 グループ別の特性（要介護認定者サンプル，2007 年度）

(%)

	第1グループ （介護費高，医療費低）	第2グループ （医療費高，介護費低）	それ以外
特別養護老人ホーム	31.5	0.7	8.8
介護老人保健施設	43.5	0.6	8.0
介護療養病床	12.3	0.3	2.4
グループホーム	3.4	0.1	1.4
入院率*	1.6	80.1	16.8
死亡率**	6.7	33.4	11.2
自立	0.0	0.1	0.2
経過的要介護	0.0	1.7	3.5
要支援1	0.0	6.7	10.5
要支援2	0.1	10.1	13.4
要介護1	5.5	17.4	21.5
要介護2	11.6	14.0	15.5
要介護3	25.6	15.2	13.4
要介護4	29.3	15.5	11.4
要介護5	27.8	19.3	10.6
年齢	87.3	83.8	84.7

注：*入院率の定義は，要介護認定者サンプルのうち，年度中に一度でも入院している者の割合で，「患者調査」の入院受療率とは異なる．**死亡率は，要介護認定者サンプルのうち，年度途中で死亡している者の割合．

4.2 統計分析

次に，こうした観察事実をフォーマルに裏付けるために，統計モデルを用いて，医療費と介護費の関係を推定する．重要なことは，年齢や性別，要介護状態，地域性といった諸要因をコントロールした上で，医療費と介護費の関係をみることである．

例えば，年齢が高まるほど医療費や介護費は高まることは当然のことであるから，年齢の効果を取り除いた上で，両者の関係を捉えることが必要である．そこで，医療費関数，介護費関数を，年齢や性別，要介護度，地域性（保険者ダミー）等の説明変数を用いて推定し，その誤差の相関がどうなっているかを調べる．推定方法は，SUR（Seemingly Unrelated Regression）であり，誤差項の相関をとった医療費関数，介護費関数の同時推定法を用いることにする．誤差項の相関 ρ の評価はBreusch-Pagan検定により行う．

推定結果は，表1-7（要介護認定者サンプル），表1-8（全サンプル）の通りである．保険者ダミーの結果をスペースの関係から省略しているが，全ての変数が有意となっている．まず，表1-7の推定結果(1)をみると，誤差項の相関係数は－0.162と弱い負の相関で有意となっており，全体としては医療費と介護費に負の相関があることがわかる．しかしながら，介護施設の入所や入院をダミーとしてコントロールした推定結果(2)においては，誤差項の相関は0.0001とほぼ無相関の状態となる．さらに，介護施設入所者と入院患者をサンプルから除いてしまうと，誤差項の相関は0.0674と弱いながらも正の相関を示し，しかも有意である．

一方，表1-8の全サンプルの推定では，表1-7の推定結果(1)に当たる推定結果(4)において，もはや負の相関がみられていない（相関係数0.0102）．施設入所・入院をダミーでコントロールしたり，サンプルから除いたりした場合には，正の相関（それぞれ0.0545, 0.0686）が強まる．

表1-9は，さらに説明変数として年齢との交差項を加えたり，年齢変数を年齢階級にするなど，モデルの非線形性を高めて，誤差項の相関がどの程度変わるのかという頑健性をチェックしたものである．こうした非線形性の高い，より柔軟なモデルを用いても，表1-7，表1-8で得られた知見は基本的に変化していない．また，推定結果は省略するが，年次データではなく，月次データの

表1-7 介護費，医療費関数の推定結果1（要介護認定者サンプル）

サンプル	推定結果 (1) 要介護認定者		推定結果 (2) 要介護認定者		推定結果 (3) 要介護認定者 入院，介護施設入所者を除く	
変数	係数	標準誤差	係数	標準誤差	係数	標準誤差
対数介護費関数						
性別	-0.323***	0.019	-0.122***	0.018	-0.134***	0.023
年齢	-1.966***	0.335	-1.937***	0.313	-3.198***	0.426
年齢2乗/100	2.391***	0.399	2.394***	0.004	3.925***	0.510
年齢3乗/10,000	-0.947***	0.158	-0.970		-1.581***	0.203
要支援1	0.219***	0.053	0.223		0.139***	0.056
要支援2	0.790***	0.049	0.819		0.769**	0.052
要介護1	1.466***	0.028	1.427***	0.023	1.453***	0.029
要介護2	2.297***	0.033	2.112***	0.028	2.305***	0.036
要介護3	2.748***	0.034	2.328***	0.030	2.691***	0.041
要介護4	3.030***	0.035	2.327***	0.032	2.949***	0.049
要介護5	2.999***	0.035	2.193***	0.034	3.035***	0.057
入院	—		-1.567***	0.022	—	
特養	—		1.881***	0.031	—	
老健	—		1.913***	0.031	—	
介護療養病床	—		2.012***	0.050	—	
定数項	54.5***	9.373	53.4***	8.717	87.43***	11.808
対数医療費関数						
性別	0.324***	0.018	0.153***	0.016	0.057***	0.020
年齢	3.553***	0.309	3.201***	0.271	4.392***	0.369
年齢2乗/100	-4.112***	0.367	-3.762***	0.322	-5.176***	0.442
年齢3乗/10,000	1.562***	0.145	1.459***	0.127	2.015***	0.176
入院	—		2.384***	0.019	—	
特養	—		-0.489***	0.025	—	
老健	—		-2.130***	0.025	—	
介護療養病床	—		-2.010***	0.041	—	
定数項	-97.3***	8.6	-86.4***	7.6	-119.6***	10.2
ρ	-0.162***		0.0001		0.067***	
観測値数	94,402		94,402		61,103	
決定係数（介護）	0.156		0.271		0.145	
決定係数（医療）	0.025		0.248		0.022	

注：推計方法は，SUR（Seemingly Unrelated Regression）．対数介護費関数，対数医療費関数とも保険者ダミーの推定結果を省略している．***は1%水準，**は5%水準，*は10%水準で有意であることを示す．誤差項の相関ρの評価はBreusch-Pagan検定により行っている．2003年度から2007年度までの全データを使用している．要介護度は，経過的要介護をリファレンスグループとしている．入院のリファレンスグループは入院無し，各施設ダミーも各施設への入所無しが，リファレンスグループである．

表1-8 介護費,医療費関数の推定結果2(全サンプル)

サンプル	推定結果(4)全サンプル		推定結果(5)全サンプル		推定結果(6)全サンプルのうち入院,介護施設入所者を除く	
変 数	係 数	標準誤差	係 数	標準誤差	係 数	標準誤差
対数介護費関数						
性別	−0.054***	0.003	−0.036***	0.003	−0.033***	0.003
年齢	−1.454***	0.042	−1.625***	0.040	−1.580***	0.041
年齢2乗/100	1.829***	0.053	2.071***	0.051	1.994***	0.053
年齢3乗/10,000	−0.747***	0.022	−0.858***	0.021	−0.818***	0.022
要支援1	3.957***	0.022	3.957***	0.021	3.998	0.020
要支援2	4.539***	0.018	4.530***	0.018	4.569	0.017
要介護1	5.108***	0.008	5.000***	0.008	5.110***	0.008
要介護2	6.002***	0.011	5.662***	0.011	6.020***	0.012
要介護3	6.473***	0.012	5.770***	0.012	6.428***	0.014
要介護4	6.727***	0.012	5.691***	0.013	6.583***	0.018
要介護5	6.616***	0.012	5.479***	0.014	6.672***	0.022
入院	—		−0.374***	0.006	—	
特養	—		2.016***	0.014	—	
老健	—		2.008***	0.014	—	
介護療養病床	—		2.190***	0.024	—	
定数項	35.5***	1.089	39.5***	1.059	38.72***	1.075
対数医療費関数						
性別	−0.245***	0.006	−0.286***	0.006	−0.325***	0.006
年齢	1.512***	0.087	1.664***	0.083	1.305***	0.095
年齢2乗/100	−1.576***	0.110	−1.794***	0.106	−1.312***	0.122
年齢3乗/10,000	0.528***	0.046	0.627***	0.044	0.412***	0.051
入院	—		3.058***	0.013	—	
特養	—		0.267***	0.026	—	
老健	—		−1.438***	0.027	—	
介護療養病床	—		−1.393***	0.046	—	
定数項	−44.0***	2.3	−47.5***	2.2	−38.6***	2.5
ρ	0.010***		0.055***		0.069***	
観測値数	695,954		695,954		643,463	
決定係数(介護)	0.732		0.746		0.688	
決定係数(医療)	0.030		0.108		0.031	

注:推計方法は,SUR(Seemingly Unrelated Regression).対数介護費関数,対数医療費関数とも保険者ダミーの推定結果を省略している.***は1%水準,**は5%水準,*は10%水準で有意であることを示す.誤差項の相関ρの評価はBreusch-Pagan検定により行っている.2003年度から2007年度までの全データを使用している.要介護度は,経過的要介護をリファレンスグループとしている.入院のリファレンスグループは入院無し,各施設ダミーも各施設への入所無しが,リファレンスグループである.

表 1-9　介護費，医療費関数の誤差項の相関

		基本モデル (推定1と同じ)	入院，介護施設 入所を説明変数 (推定2と同じ)	入院，介護施設 入所者を除く (推定3と同じ)
要介護認定者	年齢交差項モデル	-0.161	0.001	0.069
	年齢階級モデル	-0.162	0.000	0.068
全サンプル	年齢交差項モデル	-0.005	0.043	0.055
	年齢階級モデル	0.010	0.054	0.068

注：年齢交差項モデルは，推定1から3と同じ説明変数に加えて，年齢と各変数の交差項を説明変数としたもの．年齢交差項モデルは，推定1から3の説明変数である年齢，年齢2乗，年齢3乗の代わりに，5歳階級の年齢階級ダミーを用いたものである．各誤差項の相関はすべてBreusch-Pagan testによって1％水準で有意となっている．

まま分析を行っても，ほぼ同様の結果が得られた．

5　医療費，介護費の集中度の持続性

5.1　分位間の推移マトリックス

さて，3節でみた医療費と介護費の集中度であるが，その経年的持続性はどのようになっているのであろうか．要介護認定者サンプルについてみてみよう．図1-5は，医療費について2006年度から2007年度にかけて，分位間の移動がどのようになっていたのかをみたものである．横に合計すると100％になる．2006年度と2007年度の両年にわたって第10分位にとどまった層は30.4％で

2006年 ↓ \ 2007年→	(1)	(2)	(3)	(4)	(5)	(6)	(7)	(8)	(9)	(10)	脱落
(1)	61.8	9.6	3.5	2.4	2.3	1.9	1.6	2.1	2.3	0.8	11.8
(2)	13.4	39.8	10.8	3.6	3.9	3.0	3.8	5.0	5.0	2.7	9.0
(3)	1.9	15.9	33.0	13.0	6.2	4.5	5.7	4.8	4.5	2.4	8.2
(4)	1.6	5.1	17.3	29.2	13.0	6.0	6.6	5.3	5.6	3.2	7.0
(5)	1.5	4.0	6.0	17.1	25.9	13.5	9.0	6.6	6.9	3.5	6.0
(6)	1.3	3.0	4.8	8.4	16.1	23.9	12.7	9.3	7.6	4.6	8.4
(7)	2.0	4.6	4.7	5.7	8.4	14.6	20.8	12.5	9.8	6.2	10.6
(8)	2.0	4.4	4.0	5.2	5.8	8.2	12.8	19.6	13.2	9.9	14.8
(9)	2.3	4.5	3.9	3.7	4.8	6.6	8.9	11.8	17.1	13.2	23.3
(10)	1.0	1.9	2.3	1.5	2.2	3.8	3.4	6.3	10.2	30.4	37.0

図1-5　2006年度から2007年度の分位移動（医療費，要介護認定者サンプル，％）
注：(1)第1分位，(2)第2分位，(3)第3分位，(4)第4分位，(5)第5分位，(6)第6分位，(7)第7分位，(8)第8分位，(9)第9分位，(10)第10分位．

2006年↓ \ 2007年→	(1)	(2)	(3)	(4)	(5)	(6)	(7)	(8)	(9)	(10)	脱落
(1)	30.3	29.2	8.8	4.1	3.2	3.3	2.4	2.0	0.8	0.5	15.4
(2)	27.6	28.1	12.0	6.1	4.5	3.0	2.2	1.6	1.1	0.8	13.1
(3)	8.0	9.1	28.5	19.2	9.2	5.4	3.3	2.1	1.2	0.9	13.2
(4)	2.4	2.2	9.8	32.3	21.5	10.0	5.9	2.4	0.8	1.0	11.7
(5)	2.0	1.7	4.2	12.0	32.4	19.0	9.9	4.2	1.9	1.3	11.4
(6)	2.2	1.7	1.8	3.1	10.9	34.8	19.7	7.7	3.7	1.4	13.1
(7)	1.3	1.2	1.1	1.2	2.2	9.6	35.9	21.0	6.9	4.0	15.5
(8)	1.4	1.5	0.6	0.4	1.3	2.2	9.4	35.0	20.5	9.1	18.4
(9)	0.6	0.5	0.5	0.5	0.5	1.2	3.1	13.1	48.7	18.0	13.3
(10)	0.7	0.6	0.3	0.3	0.4	0.9	2.0	6.2	14.1	63.2	11.1

図 1-6　2006年度から2007年度の分位移動（介護費，要介護認定者サンプル，％）

注：(1) 第1分位, (2) 第2分位, (3) 第3分位, (4) 第4分位, (5) 第5分位, (6) 第6分位, (7) 第7分位, (8) 第8分位, (9) 第9分位, (10) 第10分位.

2006年↓ \ 2007年→	(1)	(2)	(3)	(4)	(5)	(6)	(7)	(8)	(9)	(10)	脱落
(1)	53.5	14.8	8.4	4.4	3.8	3.4	1.2	1.3	0.9	1.0	7.3
(2)	12.3	38.0	19.5	9.2	6.3	3.6	1.3	1.5	1.3	1.6	5.2
(3)	3.9	14.1	30.8	21.1	9.7	6.1	2.7	1.3	2.0	1.7	6.4
(4)	1.5	5.4	12.1	30.0	20.5	10.4	4.3	2.6	2.6	3.4	7.2
(5)	1.5	2.0	4.7	11.7	28.2	18.5	8.2	4.7	5.1	4.8	10.6
(6)	1.2	1.3	2.7	4.4	11.0	28.3	15.9	7.3	6.8	6.4	14.7
(7)	0.6	1.0	0.9	1.8	3.0	10.8	35.1	14.7	9.2	7.1	15.8
(8)	0.2	0.5	0.5	0.9	1.7	4.3	16.0	38.6	15.1	7.2	15.0
(9)	0.2	0.4	0.3	0.6	1.5	2.2	7.1	17.6	35.6	15.0	19.3
(10)	0.4	0.8	0.9	1.1	1.5	3.0	3.6	6.7	14.3	33.0	34.5

図 1-7　2006年度から2007年度の分位移動（医療・介護費合計，要介護認定者サンプル，％）

注：(1) 第1分位, (2) 第2分位, (3) 第3分位, (4) 第4分位, (5) 第5分位, (6) 第6分位, (7) 第7分位, (8) 第8分位, (9) 第9分位, (10) 第10分位.

あり，総じて高い分位は移動が激しいことがわかる．一方，2006年度と2007年度の両年にわたって第1分位にとどまった層は61.8％も存在しており，総じて低い分位の移動は少ない．

次に，介護費の分位移動をみたものが図1-6である．2006年度と2007年度の両年にわたって第10分位にとどまった層は63.2％もいるが，両年とも第1分位にとどまった層は30.3％である．つまり，医療費とは逆に，高い分位の

移動が少なく，低い分位の移動が激しい特徴となっている．図 1-7 の医療・介護費合計では，医療費の特徴に近い移動状況となっている．

5.2　費用の平均への回帰性

図 1-8 は，2007 年度に第 9・第 10 分位であった人々の医療費がその前にどうなっていたのか，その変化をみたものである．サンプルは要介護認定者であり，この 5 年間の生存者のみを取り出して分析している．図 1-8 をみると，平均への回帰性があり，過去にさかのぼった場合に，急激に医療費が下がっていくことがわかる．一方，図 1-9 は介護費について同様に第 9・第 10 分位の遡及的変化をみたものであるが，平均への回帰性は小さく，過去においても高い介護費が持続していることがわかる．図 1-10 の医療・介護費合計は，両者の特性の中間的な動きをしている．

一方，図 1-11 は，2003 年度に第 9・第 10 分位であった人々の，それ以降の医療費を追跡してみたものである．5 年間の生存者のみを取り出しているために，そもそも出発点での医療費はやや低くなっている．図 1-11 をみると，や

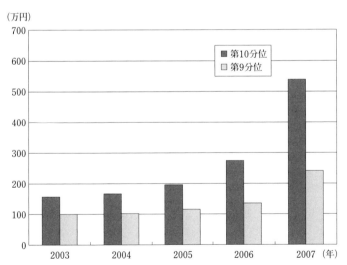

図 1-8　第 10 分位，第 9 分位の費用変化（2007 年度からの遡及，医療費（万円），要介護認定者サンプル）

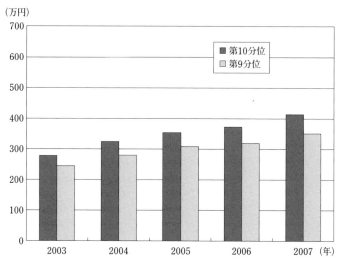

図 1-9　第 10 分位, 第 9 分位の費用変化（2007 年度からの遡及, 介護費（万円）, 要介護認定者サンプル）

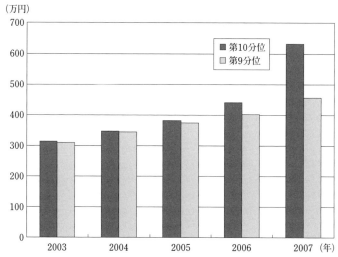

図 1-10　第 10 分位, 第 9 分位の費用変化（2007 年度からの遡及, 医療・介護費合計（万円）, 要介護認定者）

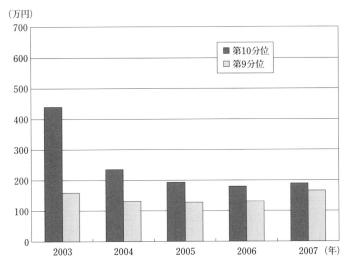

図 1-11　第 10 分位,第 9 分位の費用変化（2003 年度からの追跡,医療費（万円),要介護認定者）

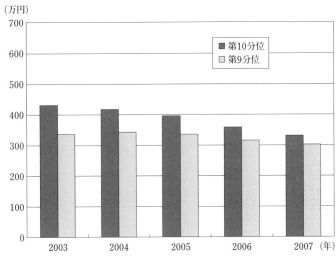

図 1-12　第 10 分位,第 9 分位の費用変化（2003 年度からの追跡,介護費（万円),要介護認定者サンプル）

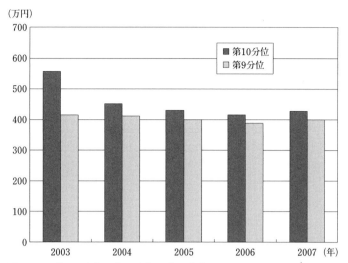

図1-13 第10分位，第9分位の費用変化（2003年度からの追跡，医療・介護費合計（万円），要介護認定者サンプル）

はり平均への回帰性がみられ，医療費が減少していくことがわかる．図1-12の介護費については，その後の平均への回帰性は医療費よりも低く，持続性が高いことがわかる．図1-13の医療・介護費合計は，医療と介護の中間的な特性が観察される．

なお，5年間の生存者だけではなく，死亡者を入れた分析も行ったが，やはり同じような傾向がみてとれた．また，要介護認定者サンプルだけではなく，全サンプルで分析を行っても，同様の傾向となっている．

6 おわりに

本章は，福井県全県における65歳以上の国保加入者の医療保険給付費レセプトデータと介護保険給付費等レセプトデータ（2003年度から2007年度）を個人間で接続して，医療費と介護費の分布特性を調べた．

一部の上位分位の人々が，全体の大半の医療資源を使うということはよく知られた事実であるが，本データにおいてもそれが確認された．すなわち，要介

護認定者のみのサンプルでは，上位10%で約5割，上位30%で約8割の医療資源消費が起きている．全サンプルの分析では，上位10%の医療資源消費は約6割にも達する．

一方，介護費については，医療費よりも集中度が低いことが明らかとなった．すなわち，上位10%で約3割，上位30%で約7割の介護資源消費にとどまっている．さらに，医療費と介護費を合わせたベースでは，さらに分布の集中度は低くなり，要介護認定者サンプルでは，上位10%で約4分の1，上位30%で約6割の資源消費となっている．これは，上位分位において医療費と介護費に負の相関があり，お互いに相殺し合ったためと考えられる．

次に，医療費と介護費の相関を調べたところ，全体としては弱いながらも負の相関があることがわかった．この負の相関は，入院患者や介護施設入所者といった資源消費の大きい人々による影響が大きい．施設入所者や入院患者を除いた在宅高齢者についてみると，医療費と介護費の関係は無相関か，若干ながら正の相関となる．これは，単なる相関関係の分析だけではなく，SURを用いた統計的な分析によっても確認される．

最後に，2003年度から2007年度までの5年間の生存者サンプルを抽出し，医療費，介護費の集中度の持続性を分析した．第9・第10分位の医療費のその前後の変化をみると，急激に減少していく傾向があるが，介護費については持続性が高く，なかなか平均への回帰が起きない状況がわかった．これは，2007年度から過去に遡及した場合でも，2003年度からそれ以降にかけて追跡した場合でも，同様の傾向が観察された．

以上の分布特性に関する分析は，直接的に政策評価や政策立案に役立つものではないが，その基礎となる重要な知見を提供していると思われる．

例えば近年，市町村国保の財政安定を図るために，保険者間の財政調整が強化されたり，2018年度からは都道府県単位で財政運営を行うことが決まっているが，介護保険においてもこうした広域化を考えるべきか．あるいは，高齢者の医療保険と介護保険を統合して，1つの保険として運営する方が効率的かどうか．本章で分析した医療費や介護費の集中状況や持続状況は，保険者間の財政調整（再保険）や広域化の是非を判断する上で，必須の情報となるだろう．

また，将来的に，医療・介護貯蓄勘定（MSA, Medical Savings Account）を

創設する場合，個人の貯蓄勘定が枯渇しないようにするには，どの程度の自己負担を設定し，貯蓄勘定間の保険を用意すべきか．こうした制度設計を考える上でも，医療費や介護費の集中状況や持続状況の情報は不可欠である．

さらに，今後，介護保険の自己負担率を引き上げたり，後期高齢者医療制度の自己負担率を引き上げたりする場合に，お互いの保険にどのような影響がでるのか．これまでは，医療保険は医療保険，介護保険は介護保険だけで政策効果のシミュレーションを行ってきたが，両者に一定の関係があることを考えると，一方の保険に対する改革が，もう一方の保険に与える影響も十分に把握しておくべきである．その際，医療費と介護費の相関を分析した本章の知見は役に立つものと思われる．

このように政策的な応用可能性が大きいことから，今後，国の政策として両データの全国的収集を計画的に進め，さらに精緻な政策分析，政策評価を行う価値があるものと考えられる．

第2章

死亡前1年間の医療費・介護費

1 はじめに

　終末期を迎えた患者への集中的な医療サービスの提供は，巨額の医療費を発生させることは広く知られている．例えば，厚生労働省（2005）では，わが国の 2002 年度における終末期医療費は 9000 億円に上るとの試算を報告しており，医療費適正化の観点から，介護との連携や在宅医療の推進等とともに，高額医療の見直しが必要であると述べている．しかし，死亡前医療費は，死亡時年齢の上昇にともなって有意に減少することは，四半世紀ほど前から，Lubitz and Prihoda (1984) や Scitovsky (1984) を嚆矢として，近年でも Garber *et al.* (1999)，Zweifel *et al.* (1999)，Seshamani and Gray (2004)，Stearms and Norton (2004)，Felder *et al.* (2010) 等が欧米のミクロデータを用いて同様の傾向を確認している．わが国においても，大規模なレセプトデータを用いた研究が存在し，そのいずれにおいても同様の傾向が確認されている（長寿社会開発センター，1994; 府川・郡司，1994; 府川，1998; 大日，2002; 鈴木・鈴木，2003; Sato and Fushimi，2009; 鈴木，2015）[1]．

　しかしながら，終末期を迎えた患者に発生する費用を考える際には，医療費だけではなく介護費の発生状況にも注目することが極めて重要である．例えば，終末期における医療費と介護費が強い負の相関をもち，医療費が増加しても医療費と介護費の合計費用（死亡前費用）が減少する場合には，医療費のみに着目すると，死亡前費用の動きをとらえ損ねる可能性がある．この点に関して，

---

[1] この他の国内の研究例には，持病がある高齢者を対象にアンケート調査を行い，リビングウィルの作成要因を分析した鈴木（2004a）がある．

Hoover et al.（2002）は，1992年から1996年におけるMedicare Current Beneficiary Surveyの個票データを用いて分析を行い，死亡前1年間における医療費と介護費の総支出は，年齢によって大きな差は存在しないが，死亡年齢の上昇にともなって医療費が下落，介護費が上昇していることを明らかにしている．こうした傾向は，メディケアとメディケイドの双方の給付対象者の死亡前1年間の費用を推計したLiu et al.（2006）や，オランダの大規模な医療保険の個票データを用いて分析を行ったPolder et al.（2006），そして，日本の国民健康保険と介護保険のレセプトデータを接合させたデータを用いた阿波谷（2004）やHashimoto et al.（2010），田近・菊池（2011）でも確認されている．特に，田近・菊池（2011）では，診療密度の低い入院の長期化が死亡前費用を増加させる原因となっていることを示し，それを介護施設に代替させることによって，死亡前費用を0.6～3.2％削減できることを，シミュレーション分析によって明らかにしている．また，死亡前医療費に用いられているアプローチを拡張して，死亡前における介護サービス利用や介護費の決定要因の分析を行っているWerblow et al.（2007），Weaver et al.（2009），Meijer et al.（2011）等によれば，この期間における介護費の決定要因は，同期間における医療費の決定要因とは異なって，世帯属性の違いや病状，日常生活における身体的機能の衰え具合等といった要因が，介護費に有意な影響を与えていることを明らかにしている．これらの分析結果は，終末期のケアのあり方をめぐる議論には，医療だけではなく介護にも焦点を当てるべきであることを示唆している．

　上述の先行研究は，医療費と介護費の相関関係に着目しているものであるが，これらの相互因果関係に着目して分析を行っている研究は，筆者らが知る限りでは存在しない．因果関係の解明は，医療と介護への資源投入に対する政策介入の規範分析や事実解明分析の前提を構成するものである．例えば，年齢が上昇するにつれて医療費と介護費が逆の方向に動く現象は，両費用に与える加齢の影響が逆になっていると推論するのが妥当であろう．そこで本章では，福井県の国民健康保険加入者と介護保険の要介護認定を受けている約15万人分のレセプトデータを用いて，死亡前1年間の医療費と介護費の相互因果関係を検証する．

　本章の構成は以下の通りである．次節では，本章の分析で用いられるデータ

の概略を述べた後に，死亡者と生存者の医療費と介護費およびその総額の比較とそれらの相関関係を確認する．3節では，死亡前1年間の医療費と介護費の相互因果関係を検証する計量経済モデルについて説明する．4節では，実証分析の結果を報告する．5節は結語である．

2　データ

2.1　データの概略

本章の分析で用いるデータは，2004年9月から2008年3月における福井県下全17市町の国民健康保険レセプトデータ（以下，「国保レセプト」と記す）と介護保険給付費レセプトデータ（以下，「介護レセプト」と記す）である．国保レセプトには，2003年10月時点における国民健康保険被保険者42万8165人の年齢や性別等の個人属性や各月の医療費や受診日数等の情報が含まれている．介護レセプトからは，2003年4月から2009年10月の間で要介護認定（更新も含む）を受けた7万1369人の年齢や性別，要介護度等の個人属性や，各月の利用サービス，利用実日数，保険請求額，利用者負担額等が把握できる[2]．筆者らは，双方に共通の個人番号で，これらのデータをマージさせたうえで，サンプルを65歳以上の高齢者に限定して分析を行った．そのうえで，2004年10月から2008年3月までに死亡した者（死亡者）1万6682人を含むサンプルと，同時期に死亡しなかった者（生存者）13万826人を含むサンプルの2種類を作成した．しかしながら，このデータには，各個人の世帯属性や所得水準，消費行動，家族介護の有無，抱えている疾病，提供されている詳細な医療・介護サービスの項目，医療機関および介護サービス提供事業者に関する諸属性が含まれていない．これらの諸要因は，死亡者・生存者にかかわらず，医療・介護需要に大きな影響を与えると考えられるため，本章の分析結果や解釈には一定の留意が必要である．

---

[2]　ただし，福井市のみ生活保護者世帯が除かれている．

2.2 死亡前1年間の医療費と介護費の相関関係

詳細な分析に先立って，まずは高齢者の医療費と介護費およびそれらの総額（総費用）を概観する．具体的には，これらの高齢者の総費用と医療費，介護費を属性別に集計して，おおよその傾向を把握する．加えて，生存者との費用の比較も行い，それぞれの費用の特性を比較する．

図2-1〜2-4は，死亡者と生存者の1年間の総費用と医療費，介護費を属性別にまとめたものである[3,4]．各図の棒グラフは費用（左軸），線グラフは相関係数（右軸）を表している．図2-1は全サンプルの費用と相関係数をまとめたものである．死亡者の総費用の平均は約322万円であり，医療費がその77%（約249万円）を占め，残りの23%（約73万円）が介護費となっている．総費用は生存者の平均費用（約60万円）のおよそ5.3倍である．死亡者の医療費は生存者の5.3倍，介護費は5.7倍となっている．医療費と介護費の相関係数は，生存者は正，死亡者は負であるが，医療費と介護費が総費用とどのように相関しているのかをみると，生存者では医療費と介護費がほぼ同じ水準であることがわかる．一方で，死亡者は，医療費と総費用の相関が高く，介護費と総費用の相関が低い．したがって，死亡者では医療費と介護費に負の相関があるものの，医療費の動向が総費用を左右していることで，医療費のみからの推論では総費用の動向をみても，結果的に総費用の動向を見誤る可能性は低いと言える．

図2-2は，これらの費用を性別でまとめたものである．死亡者の総費用は男性の方がわずかに12万円ほど高いが，その内訳は対照的になっている．すなわち，医療費は男性の方が約58万円高いが，介護費は女性の方が約46万円高くなっている．しかし，医療費と介護費の相関係数は，図2-1の全サンプルの金額と比べると，男女別のものはそれほど大きな違いはない．

図2-3は，これらの費用を年齢階級別にまとめたものである．死亡者の費用は，死亡時年齢の上昇にともなって，医療費は減少していくのに対して，介護

---

3) 金額は消費者物価指数（総合，2005年度基準，月別）を用いて2005年度価格に調整している．
4) 死亡者の費用は，死亡前1年間の総費用を集計したものである．ただし，何日に死亡したかは不明であるため，死亡月の費用を2倍にした．生存者の費用は，期間内の総費用を12か月換算したものである．

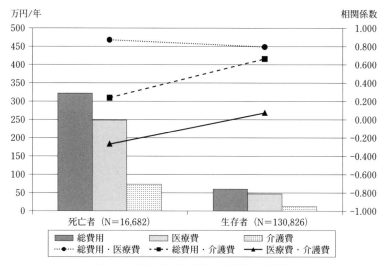

図 2-1 死亡者と生存者の医療費と介護費
注：費用の詳細については，脚注3, 4) を参照のこと．
出所：筆者作成．

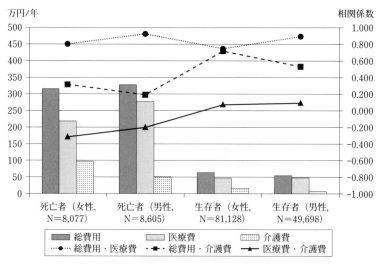

図 2-2 死亡者と生存者の医療費と介護費（性別）
注：費用の詳細については，脚注3, 4) を参照のこと．
出所：筆者作成．

A：死亡者

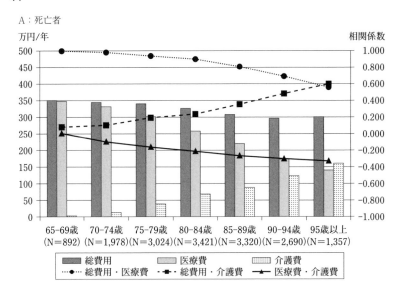

B：生存者

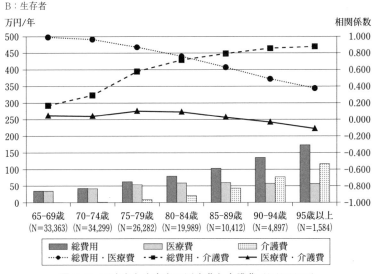

図2-3 死亡者と生存者の医療費と介護費（年齢階級別）

注：費用の詳細については，脚注3, 4) を参照のこと．
出所：筆者作成．

A：死亡者

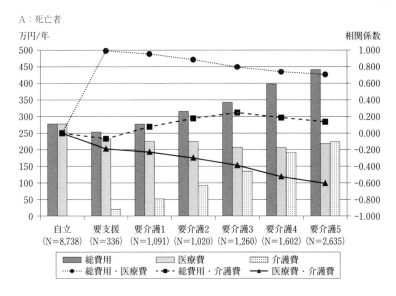

B：生存者

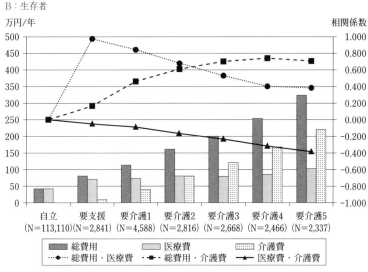

図2-4 死亡者と生存者の医療費と介護費（要介護度別）

注：費用の詳細については，脚注3, 4) を参照のこと．「自立」には非認定者，「要支援」には，旧要支援と要支援1・2がそれぞれ含まれている．
出所：筆者作成．

費は着実に増加している様子がみられる．それらの総費用は，死亡時年齢の上昇とともにゆるやかに減少している様子がみられる．一方で，生存者については，年齢の上昇とともに医療費はゆるやかに上昇していくが，介護費は大きく増加しており，その結果，総費用は年齢の上昇とともに着実に増加している様子がみられる．こうした傾向は，国内外の先行研究でも観察されている．年齢階級内の死亡者の医療費と介護費の相関係数をみると，65～69歳では0.004とほとんど相関がない．しかし，加齢とともに負の相関が強まっていき，95歳以上では−0.330となっている．

図2-4は，これらの費用を要介護度別にまとめたものである．死亡者の総費用は，要支援，要介護1，自立の順に高くなっており，その後は要介護度の上昇とともに単調に増加している．しかしながら，その内訳をみてみると，要介護度の進展とともに，医療費は下がっていくが，要介護3からはほぼ横ばいとなっている一方で，介護費は要介護度の上昇とともに単調に上昇している．このことは，死亡前費用は，多くの先行研究が明らかにしてきた死亡時年齢との関係のみならず，介護に対するニーズによっても大きく変動しうることを示唆している．また，それぞれの要介護度における医療費と介護費の相関係数は負である．ただし，この負の相関は，要支援では−0.192と比較的弱い相関であるが，要介護度が重度になるにつれて強まっていき，要介護5では相関係数は−0.606になっている．

3 計量経済モデル

前節の観察結果から，死亡者の医療費と介護費にはさまざまな視点からみて負の相関があることがわかった．しかし，それらはそれぞれの費用の平均値や相関関係のみに注目した議論であるため，医療費と介護費の因果効果をみたものではない．本節では，この負の相関関係の背景にどのような相互因果関係があるのかを検証するために，以下の構造モデルを連立トービットモデル（Simultaneous Tobit Model）で推定する．

$$HCE_i = \alpha_0 + \gamma_L \cdot LTCE_i + \sum_{h=1}^{H} \alpha_h \cdot x_{hi} + u_{Hi} = \mathbf{x}_{Hi}\alpha + u_{Hi} \qquad (2\text{-}1)$$

$$LTCE_i = \beta_0 + \gamma_H \cdot HCE_i + \sum_{l=1}^{L} \beta_l \cdot x_{li} + u_{Li} = \mathbf{x}_{Li}\beta + u_{Li} \qquad (2\text{-}2)$$

ただし，HCE_i は個人 i の死亡前1年間に発生した医療費の総額，$LTCE_i$ は同期間における介護費の総額である[5]．

x_h と x_l はそれぞれの推定式に含まれる説明変数群である．双方には，性別（男性ダミー），死亡時年齢とその2乗項および地域効果（市町ダミー群），死亡月ダミー群，タイムトレンドが含まれている．この他に，因果効果を識別するために，説明変数の片方のみに影響を与えると考えられる要因を x_h と x_l それぞれに加える．医療費のみに影響を与える要因の代理変数には，個人 i の居住地の病床密度（65歳以上人口当たり病床数）および診療報酬改定ダミー群（2004～2005年度ダミー，2006～2007年度ダミー）を用いる．供給者誘発需要仮説やアクセシビリティ仮説によれば，病床密度は医療サービス利用に影響を与える．しかし，介護サービスは対象が違うので，病床密度は介護サービス利用に影響を与えないという先験的な仮定を置いている．介護費のみに影響を与える要因の代理変数には，個人 i の死亡時の要介護度[6,7]と要介護認定を受けてからの経過月数，個人 i の居住地の療養病床密度（65歳以上人口当たり療養病床数）および介護報酬改定ダミー（2006～2007年度ダミー）をとった．

---

5) 医療費や介護費を被説明変数にして分析を行う場合，それぞれの対数値を被説明変数とする場合が多いが，特に死亡前費用のように高額で右裾が非常に長いような分布を被説明変数とする場合には，対数化することによって推定値にバイアスが生じることが知られている（Manning and Mullahy, 2001）．実際に，多くの先行研究においても，対数線形モデルは採用されていないため，本分析でも被説明変数は対数値ではなく，費用そのものを用いている．

6) 要介護認定は，コンピュータを用いた客観的な判定の他に，医師の意見書によって要介護度が変わる可能性がある．このことは，要介護状態が医療費に影響を与える可能性を示すものであるが，本分析では，そうした影響はないものと仮定して分析を行う．したがって，各個人の要介護度は彼らの医療費には影響を与えないものとして定式化している．

7) 計量分析において，以下で説明されている2段階推定法を採用する都合上，要支援と非認定者（または自立判定者）をまとめてリファレンスグループにしている．これらを分けてしまうと，第2段階の介護費の方程式において，完全な多重共線性（perfect multicollinearity）の問題が生じる．

要介護度は，介護保険の給付を受ける際に介護ニーズを把握するための指標であり，客観的なチェック項目とかかりつけ医による所見によって判断される．療養病床密度数は，病床密度と同様に介護サービス利用に影響を与えるが，医療サービス利用には影響を与えないと仮定する[8]．なお，u_H と u_L は誤差項であり，ともに平均ゼロ，標準偏差 σ_H，σ_L および共分散 $\rho\sigma_H\sigma_L$ の二変量累積標準正規分布にしたがうものとする．ただし ρ は HCE_i と $LTCE_i$ の相関係数である．

連立トービットモデルは，以下に示す2段階推定法（Two-step estimation）によって推定される．第1段階では，医療費と介護費に関する以下の誘導型の方程式（(2-3) 式，(2-4) 式）を推定し，それぞれの予測値（$\widehat{HCE_i}, \widehat{LTCE_i}$）を求める．

$$HCE_i = \mathbf{x_i}\boldsymbol{\delta}_H + \nu_{Hi} \tag{2-3}$$

$$LTCE_i = \mathbf{x_i}\boldsymbol{\delta}_L + \nu_{Li} \tag{2-4}$$

ただし，$\mathbf{x}$ は $\mathbf{x}_H$ と $\mathbf{x}_L$ に含まれる全ての説明変数である．ν_H と ν_L は誤差項で，それぞれ $E[\nu_H | \mathbf{x}] = 0$，$E[\nu_L | \mathbf{x}] = 0$ を満たすと仮定する．第2段階では，(2-1) 式・(2-2) 式の右辺における HCE_i と $LTCE_i$ のそれぞれを $\widehat{HCE_i}$ と $\widehat{LTCE_i}$ に置き換えて推定する．ただし，このような形で推定された予測値（generated regressor）を別の方程式において説明変数として用いて推定する場合，第2段階における標準誤差が過小に推定されるという問題が発生する（Wooldridge, 2010）．そこで，第2段階の分散共分散行列の推定にあたっては，Murphy and Topel (1985) にしたがったものを推定する．

4　推定結果

表 2-1 には実証研究で用いる変数の記述統計量，表 2-2 には推定結果がまと

---

8)　供給者誘発需要仮説は介護病床密度が介護サービス給付に影響を与える根拠の1つとされる．湯田（2005）は，日本での介護サービスの供給者誘発需要仮説を検証し，一部の介護保険サービスで誘発需要が存在するという結果を得ている．

表 2-1　記述統計量

	平均	標準偏差	最小値	最大値
費用（万円/年）				
医療費	248.580	246.625	0.000	7,493.955
介護費	73.309	124.591	0.000	587.377
個人属性				
男性ダミー	0.516	0.500	0.000	1.000
死亡時年齢	82.977	8.204	65.000	108.000
死亡時要介護度				
非認定者・自立	0.524	0.499	0.000	1.000
旧要支援・要支援1	0.020	0.140	0.000	1.000
要介護1	0.065	0.247	0.000	1.000
要介護2	0.061	0.240	0.000	1.000
要介護3	0.076	0.264	0.000	1.000
要介護4	0.096	0.295	0.000	1.000
要介護5	0.158	0.365	0.000	1.000
要介護認定経過月数	35.157	40.386	0.000	108.000
マクロ経済変数（市町単位）				
病床密度	62.318	34.383	0.000	129.674
療養病床密度	40.633	9.712	20.956	72.072
観測値数		16,682		
うち医療費=0		276		
うち介護費=0		9,586		

注：費用の詳細については，脚注3, 4) を参照のこと．

められている．

　(2-1) 式の結果では，介護費の係数は負で有意に推定されていることから，介護費の増加は医療費を有意に減少させることが確認できるが，その限界効果は-0.023にすぎない．これは，他の条件を一定とした場合，介護費が1万円増加することによって，医療費は230円減少することを示しているが，この効果は極めて微小であると言えよう．一方で，(2-2) 式の結果では，医療費の係数は有意には推定されなかった．この結果は，医療機関では医療サービスと介護サービスが併用されているが，介護施設では医療サービスがあまり利用されていないことを示唆しているものと考えられる．こうした状況は，田近・菊池 (2011) の観察結果と整合的である．

　また，各式のその他の変数の影響については，男性ダミーと病床密度が医療費に対して正で有意，年齢の2乗項が負で有意であり，男性ダミーが介護費に対して負で有意な影響を与えていることが確認できる．また，(2-2) 式の要介

表 2-2 推定結果

被説明変数	医療費 (万円/年)			介護費 (万円/年)		
説明変数	係数	標準誤差	限界効果	係数	標準誤差	限界効果
介護費	-0.027***	(0.009)	-0.023			
医療費				0.379	(0.575)	0.069
男性ダミー	22.521***	(3.852)	19.090	-40.658***	(13.720)	-7.423
死亡時年齢	1.969	(4.264)	1.669	-0.973	(5.162)	-0.178
死亡時年齢2乗	-0.055**	(0.025)	-0.047	0.042	(0.043)	0.008
死亡時要介護度						
要介護1				118.316***	(18.112)	21.602
要介護2				162.330***	(17.154)	29.638
要介護3				208.404***	(22.426)	38.050
要介護4				262.205***	(21.494)	47.873
要介護5				292.768***	(17.576)	53.453
経過月数				8.123***	(0.831)	1.483
経過月数2乗				-0.057***	(0.008)	-0.010
病床密度	0.449***	(0.143)	0.380			
療養病床密度				1.214	(1.117)	0.222
定数項	425.705**	(183.462)	360.848	-708.119*	(365.866)	-129.288
観測値数		16,682			16,682	
打ち切りデータ数		276			9,586	
対数尤度		-113,460.980			-45,626.306	
誤差項の標準偏差 (σ_h, σ_l)	239.929***	(7.674)		129.812***	(1.217)	
予測値の相関係数		-0.554				

注：***，**および*は，1%，5%，10% 有意水準で，それぞれ統計的に有意であることを示す．括弧内の標準誤差は，Murphy and Topel (1985; 2002) による修正を行ったものである．双方の推定式には，市町ダミー群，死亡月ダミー群およびタイムトレンドが含まれている．また，医療費を被説明変数とするモデルには，診療報酬改定ダミー群，介護費を被説明変数とするモデルには，介護報酬改定ダミーが，それぞれ含まれている．限界効果はサンプルの平均値で評価したものである．誤差項の標準偏差は，左の数値は推定値，右の括弧内の数値は標準誤差である．

護度ダミー群については，要介護度が上昇するにつれて係数が大きくなっていく様子が確認できる．また，認定期間については，1次項が正，2次項が負でそれぞれ有意に推定されている．具体的には，他の条件を一定とした場合，認定後72か月目までは介護費は上昇することがわかる．

5　おわりに

本章では，福井県下全17市町の国民健康保険・介護保険のレセプトデータを用いて，死亡前1年間の医療費と介護費の相関関係を確認するとともに，連

立トービットモデルによってそれらの相互因果関係の検証を行った．本章の分析から得られた主な結果は以下のとおりである．第1に，国内外の多くの研究と同様に，死亡時年齢の上昇にともなって，死亡前1年間の医療費は減少するが，同期間の介護費は上昇していくことが確認された．第2に，死亡時の要介護度が高くなるにつれて，死亡前1年間の医療費は減少するが，同期間の介護費は上昇していくことが確認された．すなわち，死亡前1年間の医療費と介護費の間には負の相関関係があることが確認されたが，これらの相関は，死亡時年齢が高くなるにつれ，または死亡時の要介護度が高くなるにつれ，強くなっていくこともわかった．第3に，実証分析の結果から，死亡前1年間に発生する介護費の上昇は，同期間の医療費を抑制させるがその影響は小さいことが確認された．その一方で，医療費から介護費への有意な因果効果は確認されなかった．これらの結果は，死亡前1年間の医療費と介護費の負の相関は，介護費から医療費への因果効果を反映していることを示唆していると考えられる．ただし，この結果のみでは死亡時年齢間の大きな負の相関を十分に説明できていない．

最後に，本章の分析における残された課題についてまとめる．本章の分析で使用しているレセプトデータは大規模ではあるが，所得や消費行動，家族構成，健康状態，既往歴，家庭内介護の状況，医療機関や介護事業所の属性等といった医療費や介護費に影響を与えうる情報を含んでいない．こうした課題を克服できる研究を行うことが，今後の重要な課題である．

[付記]

本章は，The 9th World Congress of the International Health Economics Association (2013年7月7～10日，シドニー) における報告論文を改善・発展させたものである．本章の旧稿に対して，泉田信行，梅澤慶子，河口洋行，菊池潤，中村さやか，野口晴子，橋本英樹，馬場園明，福重元嗣，別所俊一郎，山田篤裕の各氏，および2011年度日本応用経済学会，2011年度医療経済学会の参加者からは，大変有益なコメントを頂戴した．

第3章

高齢者の社会的入院
介護保険導入後に減少したか

1 はじめに

「社会的入院」とは，医学的観点からはすでに治療や看護継続の必要性が低いにもかかわらず，患者や家族の事情によって，介護の代替策として医療機関に入院している状態を指す．第1章でも述べたように，わが国において2000年に介護保険が導入された目的の1つは，この社会的入院を解消して，医療費の無駄を削減することであった．

介護保険の創設以降，社会的入院が一定程度減少したとの研究結果もあるが，依然としてその解消には，ほど遠い状況が続いている（畑農，2004；花岡・鈴木，2007；印南，2009；菊池，2010；徳永・橋本，2010）．例えば，畑農（2004）は，1999年度と2002年度の厚生労働省「患者調査」を使って社会的入院の大きさを推計しているが，介護保険開始前の1999年度において22万1000人と推計された社会的入院者数は，2002年度においても21万5000人と微減しているに過ぎない[1]．

また，花岡・鈴木（2007）は，富山県における1998年度から2002年度までの国民健康保険（国保）レセプトデータを用いて，入院患者の在院期間の分析を行っている．花岡らは，介護保険導入による介護型療養病床の増加が，比較的医療行為の少ない入院患者や長期入院の傾向がある患者の退院確率を引き上げたことを報告しているが，その医療費削減のインパクトは，2000年度で0.1

---
1) 在院延べ日数ベースでも，1億8295万7000日（1999年度）から1億7174万3000日（2002年度）程度の差に過ぎない．

％，2002 年度で 0.97％ と非常に小さい[2]．

このように社会的入院が介護保険開始後も依然として続いている理由として，印南（2009）は，わが国の医療・介護保険制度が不適切なインセンティブを発生させていると指摘している．すなわち，要介護者を抱える家族にとって，現金給付のないわが国の介護保険制度は，自宅介護の負担が非常に大きく，相対的に安上がりな施設入所・入院を志向するインセンティブが生じている．その際，介護保険に比べて，医療保険の方が手続き的に容易であり，医療機関の裁量余地も大きいため，介護施設入所よりも社会的入院が選ばれると言うのである．

さらに，わが国は先進国のなかでも比類がないほどの低密度医療が認められ，過剰な病床を埋めきることで収益が上がる構造となっているため，医療機関にとっても，社会的入院を許容するインセンティブがあるとしている[3]．

一方，菊池（2010）は，社会的入院が残る直接的な原因を，介護施設の整備が需要拡大に追い付けず，施設に対する超過需要が解消されない点にあるとしている．実際，菊池（2010）が引用している厚生労働省調査[4]によれば，特別養護老人ホームへの入所申込者数，約 42 万人のうち，約 5 万人が介護療養型医療施設ではない一般の医療機関で生活している．

このように，社会的入院は介護保険開始後も継続している問題と考えられるが，現在，その規模はどの程度になっているのであろうか．この点を改めて数量的に把握することが，本章の目的である．

社会的入院の規模に関して，比較的最近行われた研究としては，印南（2009）による急性期の一般病院，療養病床を対象とした全国調査がほぼ唯一のものである．この調査は，短期入院も含め，入院医療の必要性が小さいのに入院を継

---

[2] その後，徳永・橋本（2010）が行った「患者調査」の個票を用いた分析でも，介護療養病床が増加している 2 次医療圏ほど，入院患者の平均在院日数が減少していることが確認されている．

[3] 印南（2009）は指摘していないが，これは，経済学的には病床という固定費が大きく，低密度医療によって限界費用が低いことに問題があると考えられる．つまり，格安航空会社のエコノミークラスの座席と同様，固定費が大きく限界費用が非常に低い産業では，どんなに低価格でも席を埋めきることが収益最大化，合理的行動となる．長期入院に多少の逓減制があっても，病床を埋めることの限界費用が非常に低いことから，病院は病床を埋めきる行動をとるのである．

[4] 厚生労働省「特別養護老人ホームの入所申込者の状況」（2009 年 12 月 22 日）．

続している患者が，約32万人（療養病床約15万人，一般病床約17万人）も存在していると推計している．これは全国の65歳以上の入院患者総数93万1000人（2008年度「患者調査」）のおよそ34.4％にも相当する規模である．

ただし，この印南（2009）が行ったアンケートでは，病院の医療ソーシャルワーカー（MSW）や看護師自身に，患者が社会的入院かどうかを判断させており，個人間の恣意性や病院間の判断の差が，バイアスとなっている可能性が否定できない．また，アンケートの有効回答率も5.1％と極端に低く，統計的な信頼性が低いという問題がある．一方，厚生労働省の2005年度「患者調査」では，医療機関側が受け入れ条件が整えば退院可能と考えている患者数を調べているが，65歳以上の入院患者数に占める割合は21.9％である．ただし，この数字も医療機関側が判断しているという点で，印南（2009）同様の恣意的バイアスが生じている可能性がある．

そこで本章では，これらとは全く別のアプローチをとり，福井県全県の医療保険給付費レセプトデータから社会的入院の規模を推計する．社会的入院の定義には，入院期間に着目するもの（厚生省，1995；二木，1995；畑農，2004）と，入院医療費の金額に着目するもの（府川，1995）の2つが存在するが，入院期間だけで社会的入院と判断することは，医学上の理由のある長期入院との区別ができないため，問題がある[5]．したがって，本章では主に後者の費用ベースのアプローチを採用し，必要に応じて入院期間による定義も用いて比較することにした[6]．

さて，わが国ではじめて費用ベースの社会的入院の分析を行った先駆的な研究が府川（1995）である．府川（1995）は，1993年度における11道県の国保における老人医療レセプトデータを収集し，社会的入院の規模を厳密に推計しており，本章も基本的にその方法を踏襲した．また，府川のデータには，本章と同じ福井県の分析結果が含まれており，福井県の過去と現在とを比較することが可能である．これにより，介護保険開始前と開始後の社会的入院の規模について一定の知見を得ることが期待される．

---

5) 畑農（2004）では長期入院医療費ではなく，はじめの6か月間を除く入院医療費を用いており，単なる入院期間で定義する社会的入院よりも改善が行われている．
6) さらに，本章の補論では，連続入院期間から定義した「社会的入院」規模を推計している．

2　データ

　本章で用いるデータは，福井県下全17市町国保の医療保険給付費レセプトデータであり，2007年4月から2008年3月までの1年間の月次データを年次データに集計し直して分析を行った．2008年4月以降のデータも存在するが，75歳以上の高齢者が後期高齢者医療制度に移行してレセプトデータから脱落しているため[7]，やむを得ず2008年3月までを分析対象とした．分析対象者の年齢は，府川（1995）が対象とした当時の老人医療受給資格者と比較するために，70歳以上の高齢者とした[8]．また，府川（1995）同様，無受診者を除き，期間内の死亡者を除いて通年資格者（1年を通して国民健康保険に加入していた者）のみのサンプルとした．分析対象者は7万9477人であるが，このうち入院期間が1日でもある入院者数は1万9748人である．

　この医療保険給付費レセプトデータは，月次データ（Aデータ）のほかに，毎年5月時点の1か月分だけであるが，医療機関や疾病名等の詳細な属性データ（Bデータ）が入手できる．本章では必要に応じてマッチングデータの分析も行っている[9]．

　なお，本章で用いる入院期間は，府川（1995）と同様，年間の入院日数の合計である．これは連続的に入院しているという定義ではないことに注意が必要である[10]．カーネル推計によって入院期間の分布をみたものが図3-1に示されている．

---

[7]　後期高齢者医療制度発足にともなって，新しい加入者番号が振り直されたため，過去の国保データとの接続が不可能となってしまった．

[8]　当時の老人医療受給資格者は，寝たきりの場合等は65歳から69歳も資格者として認められていたが，全体からみるとその数はごくわずかであった．また，本章のデータでは寝たきり状態にある高齢者を識別できないので，70歳以上の高齢者を分析対象とした．この医療保険給付費レセプトデータは，生年月を特定されないように，生年しかデータとして得られない契約となっているため，抽出時の年齢がその後もずっと記載されている．このため，全ての加入者に対して，毎年4月時点で年齢を1歳引き上げており，年齢について若干の誤差が生じている．

[9]　ただし，5月時点で医療機関を受診していないと，この属性データは存在しないので，月次データと属性データがマッチングできるサンプルは全体の一部である．

[10]　一方，本章の補論においては，月次データを元に，連続的な入院期間から定義した「社会的入院」の規模を推計している．

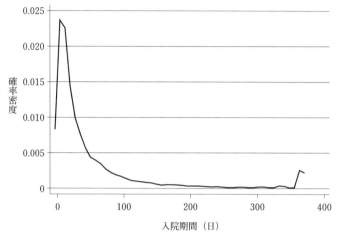

図 3-1　入院期間の分布（カーネル密度推定）

3　費用ベースの社会的入院の定義

府川 (1995) は,「きわめて長期間入院している超高齢の者には,ほとんど医療行為が行われていないであろう」と想定し,そのような患者にかかっている入院医療費を社会的入院の「基本料」として定義しようとした.具体的には,通年資格者の受診者のうち,「360 日以上入院していた者」および「180 日以上 360 日未満入院していた者」の年齢階級別 1 日当たり医療費の階級分布を算出し,その収斂傾向を探っている.

本章のデータで同様の医療費階級分布を再現したものが表 3-1 の上段であり,下段には府川 (1995) の医療費階級分布を再掲している.「360 日以上入院していた者」をみると,8000 円から 1 万 3000 円までの間に 50% ほどが集中していることがわかるが（年齢計）,府川 (1995) 同様,長期入院患者の入院医療費が年齢とともに明確に収斂していく様子はみられない.また,「180 日以上 360 日未満入院していた者」では集中や収斂といった傾向はほとんど観察できない.

そこで,次に府川 (1995) にしたがって,年齢階級別に,1 日当たり医療費の平均値を算出し,それを元に基本料を決めることにした.具体的には,2 次

表 3-1 長期入院患者の1日当たり医療費分布

福井県 (%)

医療費階級 以上-未満 (千円)	360日以上入院していた者					180日以上360日未満入院していた者				
	年齢計	70-74	75-79	80-84	85+	年齢計	70-74	75-79	80-84	85+
0-6	2.7	0.7	3.0	4.5	2.5	2.1	1.3	1.0	1.0	4.0
6-7	3.4	3.4	5.0	0.0	4.2	1.8	0.7	2.0	1.5	2.5
7-8	4.6	8.2	3.0	4.5	3.8	3.3	3.4	3.0	2.0	4.4
8-9	8.8	8.2	4.0	9.0	13.0	2.9	2.7	2.0	4.1	2.9
9-10	6.6	6.8	5.5	10.3	5.0	3.5	3.4	1.5	5.6	3.6
10-11	6.5	6.2	8.0	5.8	5.9	5.7	4.7	3.4	7.6	6.5
11-12	15.3	32.9	13.1	16.0	5.9	5.2	8.7	3.4	6.1	4.0
12-13	15.5	10.3	17.6	14.1	18.0	9.0	9.4	7.4	9.1	9.8
13-14	5.5	2.7	7.0	3.2	7.5	4.2	4.7	2.5	4.1	5.5
14-15	6.6	4.1	7.5	4.5	8.8	5.6	7.4	3.4	6.6	5.5
15-16	4.5	2.7	6.0	4.5	4.2	5.6	3.4	5.4	4.1	8.0
16-17	5.1	2.7	2.5	9.0	6.3	5.1	2.0	3.4	4.1	8.7
17-18	5.0	2.1	5.0	7.1	5.4	5.3	3.4	6.4	6.1	5.1
18-19	2.6	2.1	2.5	1.3	3.8	6.1	6.0	5.9	5.1	6.9
19-20	1.4	2.1	1.5	0.0	1.7	3.4	2.0	4.4	4.1	2.9
20+	5.9	4.8	8.5	6.4	4.2	31.2	36.9	44.8	28.9	19.6
合計	100.0	100.0	100.0	100.0	100.0	100.0	100.0	100.0	100.0	100.0
(人)	740	146	199	156	239	824	149	203	197	275

府川 (1995) 11道県計 (%)

医療費階級 以上-未満 (千円)	360日以上入院していた者					180日以上360日未満入院していた者				
	年齢計	70-74	75-79	80-84	85+	年齢計	70-74	75-79	80-84	85+
0-6	2.8	2.2	2.7	2.9	3.6	2.1	1.5	2.0	2.2	2.9
6-7	5.8	6.9	5.8	5.4	4.9	4.0	3.0	3.9	4.5	5.1
7-8	8.9	10.6	8.4	8.6	8.5	5.0	4.3	5.2	5.1	6.3
8-9	12.4	12.5	12.7	11.9	12.8	6.6	5.4	6.8	6.8	7.8
9-10	14.0	12.3	14.1	14.8	14.7	8.8	7.0	8.8	9.3	10.8
10-11	13.7	11.8	13.5	14.1	15.1	9.2	7.8	9.2	9.4	10.5
11-12	13.3	11.3	12.2	14.4	15.2	9.9	8.2	9.2	11.1	11.5
12-13	10.9	9.4	11.1	11.2	11.8	9.4	7.7	8.5	11.0	10.9
13-14	5.7	5.5	6.1	5.9	5.3	8.1	6.8	8.0	8.8	9.0
14-15	3.3	3.5	3.6	3.4	2.7	6.6	7.2	6.4	6.9	5.4
15-16	2.1	3.2	2.2	2.0	1.5	5.2	5.4	5.4	5.0	4.6
16-17	1.5	2.3	1.5	1.4	1.0	4.2	4.6	4.2	4.1	3.4
17-18	1.1	1.7	1.3	0.8	0.7	3.4	4.2	3.5	3.2	2.6
18-19	0.7	0.9	0.7	0.6	0.6	2.9	4.0	3.1	2.2	1.8
19-20	0.6	0.8	0.7	0.6	0.3	2.3	2.8	2.5	1.8	1.7
20+	3.1	5.0	3.5	2.1	1.3	12.5	20.0	13.2	8.6	5.6
合計	100.0	100.0	100.0	100.0	100.0	100.0	100.0	100.0	100.0	100.0
(人)	28,783	4,954	6,674	7,585	7,663	20,257	4,712	5,743	5,110	3,664

注:階級区分などの表の形式は,比較可能なように,府川(1995)に合わせている.

表 3-2　長期入院患者の 1 日当たり医療費（ケース a-d）

(単位：100 円)

	ケース a					ケース b				
	年齢計	70-74	75-79	80-84	85+	年齢計	70-74	75-79	80-84	85+
福井県	128	121	134	128	128	99	102	101	99	96
福井・坂井	135	124	149	134	133	104	108	112	105	96
奥越	124	125	121	134	121	104	105	105	102	102
丹南	125	119	122	131	126	86	84	78	84	96
嶺南	119	114	126	114	119	102	108	103	102	96
府川（1995）福井県分	98	101	104	96	94	79	77	80	80	80

	ケース c					ケース d				
	年齢計	70-74	75-79	80-84	85+	年齢計	70-74	75-79	80-84	85+
福井県	182	210	205	176	155	113	118	112	112	112
福井・坂井	192	208	215	193	164	121	125	123	115	120
奥越	186	267	192	161	122	86	100	51	90	85
丹南	169	188	201	158	150	102	91	96	110	102
嶺南	173	201	191	164	148	116	121	118	114	114
府川（1995）福井県分	121	134	126	112	105	90	91	89	90	90

注：金額の単位などの表の形式は，比較可能なように，府川（1995）に合わせている．

医療圏別に，「360 日以上入院していた者」および「180 日以上 360 日未満入院していた者」の年齢階級別 1 日当たり医療費を下記の 4 通りの方法で算出した．

　ケース a：360 日以上入院していた者全員の平均値
　ケース b：360 日以上入院していた者のうち，1 日当たり医療費が「ケース a の 85 歳以上の平均値」未満の者のみの平均値
　ケース c：180 日以上 360 日未満入院していた者全員の平均値
　ケース d：180 日以上 360 日未満入院していた者のうち，1 日当たり医療費が「ケース c の 85 歳以上の平均値」未満の者のみの平均値

このように計算された長期入院患者の 1 日当たり医療費が，表 3-2 に示されている．ケース a およびケース c では，年齢階級の上昇とともに 1 日当たり医療費は低下する傾向が一般的であるが，あまり変化しない 2 次医療圏[11]もある．

---

11)　福井県内の 2 次医療圏については，序章の 3 節で説明している．

表 3-3 療養病棟入院基本料（2007 年度）

(単位：100 円)

	医療区分 1	医療区分 2	医療区分 3
ADL 区分 1	76.4	122.0	174.0
ADL 区分 2	76.4	134.4	174.0
ADL 区分 3	88.5	134.4	174.0

ケース b およびケース d では年齢による差異が小さくなっている．また，これらの金額は，2007 年度診療報酬の療養病棟入院基本料[12]のほぼ範囲内にあると言える（表 3-3）．すなわち，最も金額の高いケース c が医療区分 3 と同水準かやや上回る程度，ケース a が医療区分 2 と同水準，ケース b が医療区分 1 をやや上回る程度である．医療区分 1 と 2 の間ぐらいにケース d があると言える．

以上の観察結果を元に，府川（1995）同様，2 次医療圏別の基本料として次の額を選んだ．誤差の範囲を考慮するために，やはり府川（1995）にならって，この 1.1 倍以下を社会的入院と定義することにする．

基本料 a：ケース a の 85 歳以上の値
基本料 b：ケース b の年齢計の値
基本料 c：ケース c の 85 歳以上の値
基本料 d：ケース d の年齢計の値

4 社会的入院の定量化

以上の定義によって，社会的入院の規模を推計したものが表 3-4 である．福井県全域でみた場合[13]，一番左の欄の「入院者計に占める社会的入院者の割合」は 7.5%（ケース b）〜18.4%（ケース c），「資格者に占める社会的入院者

---

[12] 2006 年の診療報酬改定で療養病棟入院基本料は ADL 区分，医療区分別となり，2006 年 7 月より表 3-3 の点数が適用されている．

[13] 表では省略しているが，2 次医療圏別に計算を行った上で，福井県全域について集計している．

表 3-4 社会的入院の入院者計および医療費計に占める割合1（ケース a-d） (%)

	ケース a				ケース b			
	入院者計に占める割合	資格者に占める割合	入院医療費に占める割合	医療費計に占める割合	入院者計に占める割合	資格者に占める割合	入院医療費に占める割合	医療費計に占める割合
福井県	13.3	3.3	15.5	7.2	7.5	1.9	6.9	3.2
府川（1995）福井県分	20.7	4.7	—	14.6	11.3	2.6	—	7.9
	ケース c				ケース d			
福井県	18.4	4.6	23.5	10.9	9.8	2.4	11.3	5.2
府川（1995）福井県分	27.8	6.4	—	20.2	17.3	4.0	—	12.2

の割合」は1.9%（ケースb）〜4.6%（ケースc），「入院医療費に占める社会的入院者の入院医療費の割合」は6.9%（ケースb）〜23.5%（ケースc），「医療費計に占める社会的入院者の入院医療費の割合」は3.2%（ケースb）〜10.9%（ケースc）であり，費用ベースの定義において，現在も少なくない規模の社会的入院が発生していることがわかる．

府川（1995）が基本ケースとしたケースdでは，「入院者計に占める社会的入院者の割合」は9.8%，「資格者に占める社会的入院者の割合」は2.4%，「入院医療費に占める社会的入院者の入院医療費の割合」は11.3%，「医療費計に占める社会的入院者の入院医療費の割合」は5.2%となる．

表3-4のそれぞれのケースの下段には，府川（1995）における1993年度の福井県分の社会的入院の規模が示されているが，当時に比べてそれぞれの割合が約半分から3分の2程度に下がっていることがわかる．この割合の減少が何によってもたらされたのかは分析不能であるが，おそらくは介護保険の導入が主要因の1つであろうと想像される[14]．

ちなみに，社会的入院の定義を，入院期間だけで行った場合の各規模をみたものが表3-5である．入院期間の長さだけで社会的入院と判定することは，医学上の理由のある長期入院との区別がされていないため問題があるが，仮に90日以上の入院者をすべて社会的入院と判定することにすると（表3-5右欄），

---

14) もちろん，算定された基本料も異なるので，厳密な意味での比較は難しい．また，老人医療受給資格者（府川，1995）と70歳以上の高齢者（本章）という定義の差も，多少は影響していると思われる．

表 3-5 社会的入院の入院者計および医療費計に占める割合 2（入院期間別）
(%)

	180 日以上入院				90 日以上入院			
	入院者計に占める割合	資格者に占める割合	入院医療費に占める割合	医療費計に占める割合	入院者計に占める割合	資格者に占める割合	入院医療費に占める割合	医療費計に占める割合
福井県	7.9	2.0	29.6	13.7	16.0	4.0	48.8	22.6
府川（1995）福井県分	17.0	4.0	—	26.0	28.0	6.0	—	37.0

「入院者計に占める社会的入院者の割合」は 16.0%，「資格者に占める社会的入院者の割合」は 4.0% となる．また，「入院医療費に占める社会的入院者の入院医療費の割合」は 48.8% にも上り，「医療費計に占める社会的入院者の入院医療費の割合」も 22.6% と高い値となる．

一方，表 3-5 左欄のように 180 日以上の入院者をすべて社会的入院と判定すると，「入院者計に占める社会的入院者の割合」は 7.9%，「資格者に占める社会的入院者の割合」は 2.0%，「入院医療費に占める社会的入院者の入院医療費の割合」は 29.6%，「医療費計に占める社会的入院者の入院医療費の割合」は 13.7% となる．

興味深いのは，これら入院期間ベースの「社会的入院」についても，表 3-5 下段の府川（1995）における福井県分の割合に比べて，約半分から 3 分の 2 程度に減少していることである．入院期間の定義からみても，社会的入院は当時と比べて減少していることが確認できる．

5 社会的入院の分析

5.1 社会的入院と入院期間の関係

次に，費用ベースの社会的入院と入院期間ベースの「社会的入院（長期入院）」の関係についてみていこう．表 3-6 は，4 つのケースの社会的入院と 180 日以上入院者のクロス表をとったものである．例えば基本ケースのケース d についてみると，入院者の 9.8% を占める社会的入院者のうち，3.3% ポイントは 180 日以上の長期入院者と重なるが，残りの 6.5% ポイントは 180 日未満の入院者であることがわかる．逆に，入院者の 7.9% を占める 180 日以上の長

表 3-6 社会的入院と入院期間のクロス表 1
(180 日以上入院, %)

ケース a

	社会的入院	それ以外	合計
180 日以上入院	4.2	3.7	7.9
それ以外	9.1	83.0	92.1
合　計	13.3	86.7	100.0

ケース b

	社会的入院	それ以外	合計
180 日以上入院	2.2	5.8	7.9
それ以外	5.3	86.8	92.1
合　計	7.5	92.5	100.0

ケース c

	社会的入院	それ以外	合計
180 日以上入院	5.5	2.4	7.9
それ以外	12.9	79.1	92.1
合　計	18.4	81.6	100.0

ケース d

	社会的入院	それ以外	合計
180 日以上入院	3.3	4.6	7.9
それ以外	6.5	85.6	92.1
合　計	9.8	90.2	100.0

期入院者のうち，ケース d の社会的入院の定義と重なる患者は 3.3% ポイントに過ぎず，残りの 4.6% ポイントは重ならない．

同様に，表 3-7 は長期入院の定義を，90 日以上の入院とした場合のクロス表である．やはり基本ケースのケース d をみると，入院者の 9.8% を占める社会的入院者のうち，180 日以上の長期入院者と重なっているのは 4.5% ポイントに過ぎず，残りの 5.3% ポイントは 90 日未満の入院者である．入院者の 16.0% を占める 90 日以上の長期入院者のうち，ケース d の社会的入院の定義に当たる患者は 4.5% ポイントと，定義が重ならない部分の方がむしろ大きい．表 3-6，表 3-7 の他のケースにおいても，それぞれの社会的入院と長期入院の定義はあまり明確には重なってはいないことがわかる．

ただし，やはり入院期間が長い患者ほど費用ベースの社会的入院と定義され

表 3-7 社会的入院と入院期間のクロス表 2
(90 日以上入院, %)

ケース a

	社会的入院	それ以外	合 計
90 日以上入院	5.8	10.2	16.0
それ以外	7.5	76.5	84.0
合 計	13.3	86.7	100.0

ケース b

	社会的入院	それ以外	合 計
90 日以上入院	3.0	13.0	16.0
それ以外	4.5	79.5	84.0
合 計	7.5	92.5	100.0

ケース c

	社会的入院	それ以外	合 計
90 日以上入院	8.0	8.0	16.0
それ以外	10.5	73.6	84.0
合 計	18.4	81.6	100.0

ケース d

	社会的入院	それ以外	合 計
90 日以上入院	4.5	11.5	16.0
それ以外	5.3	78.8	84.0
合 計	9.8	90.2	100.0

表 3-8 入院日数階級別にみた入院受診者に占める社会的入院の割合(ケース d)

年間入院日数階級 (%)

	計	1日以上 30日未満	30日以上 90日未満	90日以上 180日未満	180日以上 360日未満	360日以上
福井県	9.8	4.1	11.4	15.2	29.1	55.0
府川 (1995) 福井県分	17.3	7.3	15.8	22.2	37.9	54.9

る割合が高まることは確認できる.表 3-8 は,入院期間別に費用ベースの社会的入院者の割合をみたものである.上段の福井県全体をみると,1 か月未満 (1 日以上 30 日未満)では 4.1% に過ぎなかった社会的入院者が,入院期間が長くなるほど割合が増え,360 日以上の入院日数では 55.0% にも上っている.この傾向は,府川 (1995) が算出した福井県分とほぼ同様のものである.

5.2 疾病別割合，医療機関別割合

AデータとBデータをマッチングできるサンプルは2007年5月時点で入院しているサンプルに限られるが，本データの場合，1万9748人中4353人がマッチングできた．このサンプルのうち，社会的入院者（ケースd）の主疾病名[15]（疾病中分類）の割合をみたものが，表3-9である．

表3-9では，社会的入院（ケースd）の割合が高い疾病名の順に並べ替え，上位20位までを示している．分類は，「社会保険表章用疾病分類」にしたがっている．圧倒的に割合が高いのが1位の「統合失調症，統合失調症型障害および妄想性障害」であり，マッチングできたサンプルにおける社会的入院の18.7％を占める．2位が「高血圧性疾患」（9.0％），3位「骨折」（7.9％），4位「脳梗塞」（6.3％），5位「血管性および詳細不明の認知症」（4.7％）と続く．20位以内だけをみても，大分類の「精神および行動の障害」に分類される疾病名が数多いことに気づかされる．これらの大分類の「精神および行動の障害」に分類される疾患を全て合計すると（マッチングサンプルの）社会的入院者の実に33.7％を占める．本章の定義の社会的入院の3分の1程度は，精神障害入院者であると考えられる．これは，従来の社会的入院のイメージとはやや異なるものであろう．

また，このマッチングサンプルでは，社会的入院者の入院している医療機関種別がわかる．そこで社会的入院の医療機関別の割合をみたものが，表3-10である．まず，左の欄は各医療機関に入院する患者のうち社会的入院者（ケースd）の割合（社会的入院確率）をみたものである．大学病院，国立病院，官公立病院，その他公立病院の割合は低く，それぞれ1ケタ台の割合であるのに対して，医療法人病院，その他法人病院，個人病院はそれぞれ22.9％，27.6％，26.8％と高くなっている．また，診療所については医療法人診療所，個人診療所ともにそれぞれ48.3％，56.7％と非常に高い割合である．

一方，福井県の（マッチングサンプルの）全社会的入院者のうち，それぞれの医療機関に在院している割合（シェア）をみたものが表3-10の右の欄である．医療法人病院自体の数が多いこともあるが，全社会的入院者のおよそ半分

---
15) レセプト上の主疾病名であるため，複数の疾病名の記載がある場合には，それが必ずしも実際の主疾病とは限らないことに留意すべきである．

表 3-9 社会的入院の疾病別割合(上位 20 疾病名)

(%)

順位	疾病中分類	疾病名	社会的入院(ケース d)	それ以外
1	503	統合失調症,統合失調症型障害及び妄想性障害	18.7	1.0
2	901	高血圧性疾患	9.0	4.2
3	1901	骨折	7.9	8.2
4	906	脳梗塞	6.3	7.5
5	501	血管性及び詳細不明の認知症	4.7	0.6
6	504	気分[感情]障害(躁うつ病を含む)	4.4	0.9
7	507	その他の精神及び行動の障害	4.2	1.1
8	402	糖尿病	4.0	4.8
9	602	アルツハイマー病	3.7	0.5
10	903	その他の心疾患	2.7	4.5
11	902	虚血性心疾患	2.6	4.8
12	1303	脊椎障害(脊椎症を含む)	2.3	1.6
13	1004	肺炎	1.7	4.8
14	1302	関節症	1.6	2.2
15	1800	症状,徴候及び異常臨床所見・異常検査所見で他に分類されないもの	1.5	2.6
16	1905	その他の損傷及びその他の外因の影響	1.4	1.8
17	1112	その他の消化器系の疾患	1.3	3.5
18	1306	腰痛症及び坐骨神経痛	1.3	0.4
19	403	その他の内分泌,栄養及び代謝疾患	1.2	1.2
20	505	神経症性障害,ストレス関連障害及び身体表現性障害	1.2	0.3

注:疾病名の分類は,「社会保険表章用疾病分類」である.

表 3-10 社会的入院(ケース d)の医療機関別割合

	社会的入院確率(各社会的入院患者数/各入院患者数)	社会的入院患者シェア(各社会的入院患者数/全社会的入院患者数)
大学病院	2.3	0.5
国立病院	3.9	0.6
官公立病院	3.0	0.5
その他公立病院	7.1	10.8
医療法人病院	22.9	50.9
その他法人病院	27.6	5.1
個人病院	26.8	3.1
医療法人診療所	48.3	11.7
個人診療所	56.7	16.0

注:サンプル数が極端に少ないカテゴリーは除いている.

(50.9％) が医療法人病院に集中していることがわかる[16]．

6 おわりに

本章は，介護保険開始後も依然として解消していない社会的入院について，福井県全県の国保レセプトデータを用いてその規模の推計を行った．

一般に用いられる社会的入院の定義は入院期間の長さによるものであるが，これは医学上の理由のある長期入院との区別がされていないため，大きな問題がある．そこで，府川 (1995) にしたがって，長期入院者の1日当たり医療費から「基本料」を算出し，誤差を考慮して，その1.1倍を下回るものを社会的入院者と判定した．

基本料の定義によって4つのケースを算出しているが，「入院者計に占める社会的入院者の割合」は7.5〜18.4％，「資格者に占める社会的入院者の割合」は1.9〜4.6％，「入院医療費に占める社会的入院者の入院医療費の割合」は6.9〜23.5％，「医療費計に占める社会的入院者の入院医療費の割合」は3.2〜10.9％と，現在も決して少なくない規模の社会的入院が存在していることが明らかとなった．もっともこれらの割合は，府川 (1995) が福井県について計算した1993年度の割合よりも，約半分〜3分の2の水準に減少している．その理由として，介護保険の導入が社会的入院の減少に寄与した可能性が考えられる．

本章の分析より，社会的入院が減少していることは観察されたものの，逆に言えば，介護保険が導入されたのにもかかわらず，何故，依然として決して少なくない規模の社会的入院が存在しているだろうか．印南 (2009) が指摘した需要側の不適切なインセンティブが影響しているのか，それとも，供給側の要因が影響しているのか，はたまた，それ以外の要因があるのか．

社会的入院の解消は，引き続き重要な政策課題であり，その存在理由の解明

---

[16] なお，印南 (2009) が指摘するように，社会的入院が一般病床にも広く及んでいるのか，それとも療養病床ばかりに発生しているのかという点は興味深い論点であるが，本章が用いているレセプトデータは，レセプト情報の一部を提供されているだけであり，そこまでの詳細な状況は把握できない．

や，効果的な解消策を立案することが望まれる．本来，医療行為や看護行為を必要としていない高齢者に対しては，施設介護や在宅介護で対応する方が，医療費効率化や患者の生活の質（QOL, Quality of Life）からみて望ましいことは言うまでもない．

例えば，NDB を利用して，これまで行われてきた医療保険の改革，介護保険の改革が，どのように社会的入院に影響してきたかを経時的に分析することは，社会的入院の解消策を考える上で重要な知見を提供することになるだろう．また，都道府県間，保険者間で介護保険施設の整備状況は大きく異なることから，そうした供給面の差異が社会的入院に与える影響を分析することも必要だと思われる．

いずれにせよ，本章が行ったように，まずは社会的入院をしっかりと定義し，データからその規模や詳細を把握することが全ての出発点である．その上で，社会的入院が起きている背景・構造に対する分析や，代替策の費用便益分析を行うなど，今後の研究のいっそうの発展が望まれる．

第3章補論

連続入院期間から定義した「社会的入院」規模の推計

1 問題意識

本論では，府川（1995）にならい，社会的入院の定義について，主に入院医療費の金額に着目したものを採用し，分析を行ってきた．また，分析の一部として，入院期間から定義した「社会的入院」も用いたが，それも府川（1995）にならい，1年間の入院日数を単純に合計した定義のものを用いた．つまり，1年間のうちに何度退院をしたとしても，合計して6か月以上，もしくは3か月以上の長期入院であれば「社会的入院」として定義していた．

しかしながら，一般に長期入院とは，連続した入院期間が長期に及んでいる入院者のことを指すから，上記の定義は，一般のイメージからすると違和感を覚えざるを得ない．そこで本補論では，月次データに立ち戻って，連続して長期入院をしている入院患者を抽出し，これを「社会的入院」と定義することにする．そして，その場合の「社会的入院」の規模がどれくらいになるのかを推計した．

ただし，長期入院患者であったとしても，入院当初は急性期医療など，必要な医療行為が行われており，社会的入院とは言えないという批判を考慮し，畑農（2004）同様，6か月未満の入院医療費を除いた費用の推計も合わせて行うことにする．

2 連続入院期間ベースの「社会的入院」の定義

分析に用いるデータは，本論のものと同じである．ただし，分析対象の期間は少し長くとり，2005年4月から2008年3月までの月次データを分析した[17]．

---

17) 本論で用いた医療保険給付費データ（国民健康保険団体連合会（国保連）の新共電データ）については，2007年1月からのデータしか入手できないが，それに先だって国保連で利用され

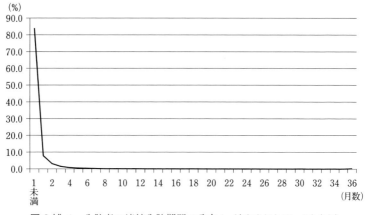

図3補-1　入院者の連続入院期間の分布1（左打ち切りデータを含む）

厚生省（1995）をはじめとして，入院期間をベースに社会的入院を計測した多くの論文・調査で採用されている定義は6か月以上の入院というものである．本補論ではこれを厳密に，「6か月以上の連続入院」と定義する．

補論で用いているレセプトデータは月次データであるが，月の入院日数が把握できるために，いわゆる「エピソードデータ」を作成することが可能である．エピソードデータとは，例えば入院というイベントが始まってから退院するまでの期間を連続データとして接続しているデータである．同じ個人でも，異なる入院であれば何回もエピソードが生じることになる．2005年4月から2008年3月までの3年間について入院エピソードデータを作成した．

ただし，連続的な長期入院であっても，年末年始やお盆休み等に一時的に帰宅することは考え得る．そこで，厳密に月のうち全ての日数を在院していなくても，1か月に28日以上入院していた場合には，その該当月中ずっと入院していたと考え，翌月にエピソードが続くと考えることにした．このようにして作成した連続入院期間の各エピソードについて，その月数の分布をみたものが図3補-1である．入院期間のうち，1か月未満の入院期間が全体の84.04%を占めている．その後，1か月が7.82%，2か月が3.13%と減衰していくが，

ていた医療情報データを用いることにより，2005年4月まで遡ることができた（Cデータ）．

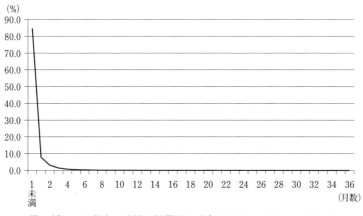

図3補-2 入院者の連続入院期間の分布2（左打ち切りデータを除く）

36か月のところで分布がやや反転して0.21％となる．

ここで困った問題は，2005年4月当初に，すでに入院していた入院者についてはそれ以前の入院期間がわからないということである．これをデータの左打ち切り（left-censored）問題と言うが，この左打ち切りのエピソードが含まれていては，入院期間や入院期間ごとの入院医療費について厳密な比較ができない．そこで，左打ちきりのデータのみ欠損値にするというデータ処理を行って[18]，入院期間の分布をみたものが，図3補-2である．図3補-1とほとんど変化がないが，1か月未満の集中がやや高くなり（84.75％），36か月の部分の反転も観察されていない．

3 連続入院期間別の入院医療費

次に，作成したエピソードデータを用いて，入院期間別の1日当たり平均入院医療費を計算したものが図3補-3である．左打ち切りデータを除いたベースで計算を行っている．1か月未満の入院の場合には，1日当たり入院医療費は4万931円と最も高くなっており，そこから入院期間が長くなるにしたがっ

---

18) もちろん，同じ個人のその後スタートするエピソードはそのまま含まれている．

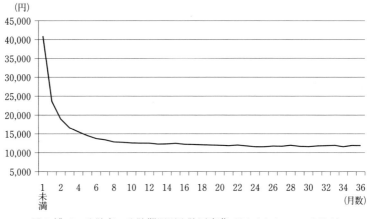

図3補-3　入院者の入院期間別入院医療費（左打ち切りデータを除く）

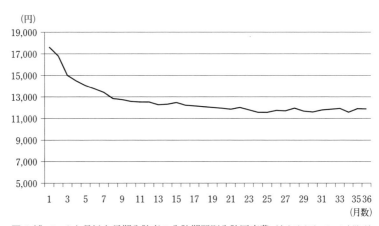

図3補-4　6か月以上長期入院者の入院期間別入院医療費（左打ち切りデータを除く）

て急速に減少していく．半年から1年程度を過ぎると収斂傾向に入り，1万2000〜1万3000円程度の値で収斂している．ただし，これは6か月未満の短期入院も全て含むベースである．

一方，6か月以上の長期入院者のみのデータで，同様の入院期間別の1日当たり平均入院医療費を計算し直したものが図3補-4である．エピソードのはじまりを「1か月の連続入院があった月から」としているために，入院直後の

表3補-1　入院期間別・入院者の1日当たり入院医療費（2007年度）

(単位：円)

	全入院者	6か月以上入院者	6か月以上入院者 (除く6か月未満医療費)
福井県	39,300	14,299	13,561
70-74歳	45,949	14,757	13,402
75-79歳	42,782	15,352	14,549
80-84歳	37,067	14,558	13,881
85歳以上	28,085	13,087	12,698

入院医療費がわからないが，それでも連続入院1か月目の1日当たり平均入院医療費は1万7628円と最も高い．その後，急速に入院医療費は低くなり，やはり半年から1年程度を超えるあたりから1万2000円程度に収斂する．畑農 (2004) が指摘しているように，入院当初の期間は社会的入院の定義からは除くことが望ましいと考えられる．

そこで，表3補-1では，入院者の1日当たり入院医療費について，入院期間別の算出を行った．本論の分析と比較するために2007年度分のデータのみを用いて計算している．まず，全入院者の福井県全県での平均値は3万9300円となっている．これに対して，6か月以上の長期入院者のエピソード期間中（連続入院期間中）の平均値は1万4299円と，約4割に減少する．ただし，図3補-4にみたように，6か月以上の長期入院者であったとしても，入院直後の入院医療費は高いから，この期間の入院医療費を除いて6か月以上の部分についてのみ平均値をとると1万3561円となる．これらの値は，本論の費用ベースの社会的入院の定義に照らし合わせると，ケースaの値に最も近いと言える．

年齢別にやや詳細にみると，6か月以上入院者の2つのカテゴリーについては年齢差があまり大きくはないが，85歳以上ではやや低くなっていることがわかる．

4　連続入院期間から定義した「社会的入院」の規模

以上の観察を元に，①6か月以上の連続入院，および，②6か月以上の連続入院から6か月未満の入院医療費を除く定義によって，社会的入院の規模を推

表 3 補-2　社会的入院の規模（2007 年度）

(%)

	(a) 6 か月以上の連続入院				(b) 6 か月未満の医療費を除く		(c) 比率(b/a)
	入院者計に占める割合	資格者に占める割合	入院医療費に占める割合	医療費計に占める割合	入院医療費に占める割合	医療費計に占める割合	医療費
福井県	7.5	1.9	24.0	11.2	17.7	8.2	73.8
70-74 歳	5.0	0.9	17.5	6.8	12.8	5.0	73.0
75-79 歳	6.6	1.6	22.8	10.1	16.6	7.4	72.8
80-84 歳	7.3	2.1	23.7	11.5	17.2	8.3	72.6
85 歳以上	12.2	4.2	33.4	20.3	25.4	15.5	76.0

　計したものが，表 3 補-2 である．2007 年 4 月から 2008 年 3 月までの 2007 年度 1 年間について集計している．

　一番左の (a) 欄をみると，「入院者計に占める社会的入院者の割合」は 7.5％，「資格者に占める社会的入院者の割合」は 1.9％ となっているが，「入院医療費に占める社会的入院者の入院医療費の割合」は 24.0％ とやや高く，「医療費計に占める社会的入院者の入院医療費の割合」は 11.2％ となっている．

　ただし，6 か月未満の医療費を除いた場合にはもう少し医療費に占める割合は低くなる．(b) 欄をみると，「入院医療費に占める社会的入院者の入院医療費の割合」は 17.7％，「医療費計に占める社会的入院者の入院医療費の割合」は 8.2％ と減少する．6 か月未満の医療費を除かない (a) と比較すると，年齢別にみても，2～3 割ほど割合が減少している．これらの値は，もちろん直接比較できるものではないが，本論の費用ベースの社会的入院の定義におけるケース a やケース d に近いと言える．

　いずれにせよ，この連続入院期間から定義した「社会的入院」の規模も，入院医療費の 2 割前後ということであり，現在も少なくない社会的入院が発生している事実があらためて明らかとなった．

第II部

政策効果の分析

第4章

通所リハビリテーションの提供体制
介護費への影響

1 はじめに

　本章は，介護保険制度の居宅系サービスに焦点を当て，居宅系サービスでの提供体制の整備が介護費にどのような影響を与えたのかを，福井県での事例に基づく計量分析から検証する．

　2000年4月に介護保険制度が導入されて以降，たびたび制度改正が行われるなかで，地域包括ケアシステムの構築や，居宅系サービスの効率的な利用および施設系サービスの補完的な利用のための環境整備が急務となっている．その背景には，高齢化によるさらなる医療・介護の需要の増加，療養病床での長期入院，介護保険財政の悪化，そして住み慣れた地域での継続的な生活を望む高齢者のニーズなどがある．

　介護保険制度で居宅系サービスの重要度が高まる一方，その提供主体の立地の分布には偏りがあり，提供される居宅系サービスの種類の充実度には地域差があることが明らかとなっている（北島他，2001；高橋他，2006；高橋・扇原，2009）．さまざまな種類の介護サービスが提供される地域と，限られた種類の介護サービスしか提供されない地域とが，混在しているのが現状である．

　本章では，居宅系サービスのうち，提供主体の偏りの影響が憂慮されるものとして，利用者が提供主体まで移動して利用するサービスに着目し，提供体制の整備が需要に与える影響を検証する．居住地域内で，このタイプの介護サービスの提供主体が皆無または極端に少ない場合には，要介護者の送り迎えをする家族の労力や，送迎サービス・公共交通機関を利用するための費用が大きくなるだろう．それにより利用希望者が利用を躊躇する場合には，提供主体の不

足が結果的に利用希望者の選択を制限し，費用面や健康面からみた「最適」と思われる選択をゆがめることにつながりかねない．

　ここでは，福井県おおい町で実際に起きた通所リハビリテーション（デイケア）の提供体制に関するイベントを自然実験とみなし，このイベントが介護費に与えた影響を計測する．実際のイベントの影響をデータに基づいて具体的に計測することは，介護サービスの適切な提供体制のあり方を考える際の1つのエビデンスとなるだろう．

　通所リハビリテーションとは，介護保険法の第8条第8項が定めるように，居宅要介護者の心身の機能の維持回復を図り，日常生活の自立を助けるための医学療法や作業療法，その他の必要なリハビリテーションを提供する介護サービスである．この介護サービスを分析対象とする背景には，2012年度の介護報酬改定の議論で，通所リハビリテーションの利用者への自立支援の促進が求められるとともに，通所リハビリテーションが維持期（生活期）のリハビリテーションの受け入れ先として期待されている点が挙げられる．通所リハビリテーションはその役割が重視される一方で，実際の提供体制をみると地域間で大きな格差が存在する．社会保障審議会介護給付費分科会の資料は，都道府県間で比較した場合に，要介護者1000人当たりの請求事業所数が最も少ない県と最も多い県で，約4.4倍の差があることを報告している[1]．市区町村間で比較した場合には，さらに大きな格差があることが予想される．

　本章は，通所リハビリテーションの提供体制に関するイベントとして，2007年4月に福井県おおい町で，新設の介護老人保健施設が通所リハビリテーションと介護予防通所リハビリテーションのサービス提供を始めた点に注目する．福井県では，2007年3月までおおい町・永平寺町・池田町・美浜町の4つの町に通所リハビリテーションの提供主体が存在しなかったが，2007年4月より，おおい町で，介護老人保健施設が通所リハビリテーションと介護予防通所リハビリテーションの提供を始めた．本章では，通所リハビリテーションと介護予防通所リハビリテーションのサービス開始を処置（treatment）の一種とみなし，おおい町の住人を処置群（treatment group），永平寺町・池田町・美

---

[1] 詳細は厚生労働省（2011a）を参照されたい．

浜町の住人を対照群（control group）とし，処置の前後での各群の介護費の変動と利用する介護サービスの種類の変化を検証する．

分析では，2006年度と2007年度の介護費の平均値の比較や差の差の推定（DID, difference-in-differences）法[2]から，要介護者にとって通所リハビリテーションが利用しやすくなったことによる効果を把握する．DID法による分析では，提供の開始があったおおい町の住人の介護サービス需要の変化は，サービスの提供開始の影響と，福井県内の全市町に共通に加わる要因からの影響を受けているが，提供開始がなかった永平寺町・池田町・美浜町の住人の介護サービス需要の変化は，後者の影響だけを受けていると考える．ここでは，各群での処置の前後の介護費の変化を求め，処置群での変化から対照群での変化を差し引くことで，サービスの提供開始の影響を計測する．

使用するデータは，序章の2節2項で解説している介護保険給付費等レセプトデータである．2006年4月から2008年3月の請求分のデータを使用する．このレセプトデータは，被保険者番号をもち，かつ介護保険の要介護認定を受けている人で構成されているもので，分析では介護報酬請求額（介護給付費，保険請求額）を使用する．なお，補足的に，序章の2節1項で解説している医療保険給付費レセプトデータの医療費の動向も確認する．

分析の対象期間を2006年度と2007年度に限定することには理由がある．2005年の介護保険法の改正と2006年4月からの施行により，介護予防給付が新設されるとともに介護サービスの種類が大幅に増加した．選択可能な介護サービスの種類を処置の前後でそろえる必要があるため，2006年4月以降を分析対象とする．また，2007年4月にイベントが起きていることから，イベントの前後で等しい期間同士を比較するため，2006年度と2007年度のデータを使用する．

関連する研究として，本章と同様にレセプトデータを使用し，医療資源の偏在が医療サービス需要に与える影響を検証した野口（2010）がある．野口（2010）は，患者の地区住所から医療機関までの距離が長いほど，入院外の通院回数は少なく，1日当たりの診療報酬点数は多くなり，1か月間の医療費の

---

2) 差の差の推定法については，補論の解説を参照されたい．

総額は少なくなるという結果を得ている．また，湯田（2007）は，社団法人日本経済研究センターが実施した独自のアンケート調査から，通院時間と待ち時間で生じる機会費用を計算した上で，機会費用が医療サービス需要を有意に抑制することを確認している．この他，介護サービス分野での関連研究として，山内（2004），湯田（2005），Noguchi and Shimizutani（2009）がある．これらの研究は，いずれも事業者密度が高い地域で介護サービス需要が増加することを示している．

本章の分析は2つの特徴をもっている．第1に，特定の介護サービスの提供主体が0件から1件に変化したというイベントを扱うことで，提供体制の変化と介護サービス需要の変化の因果関係を明確にしている点が挙げられる．第2に，利用者側が移動主体となる介護サービスの需要に焦点を当てるとともに，利用者側の移動負担の軽減につながる提供体制の変化を分析対象としている点が挙げられる．山内（2004），湯田（2005），Noguchi and Shimizutani（2009）は，いずれも都道府県内の事業者密度を使用し，かつサービスの提供側が移動主体となる訪問介護や介護サービス全般を分析対象としていることから，本章の分析はこれらの先行研究とは異なる視点を提示していると言える．

2 分析対象とする町の特徴

具体的な計量分析の前に，分析対象とする町の特徴を紹介する．分析対象とするおおい町・永平寺町・池田町・美浜町のうち，おおい町と美浜町は2次医療圏の「嶺南」に該当し，永平寺町と池田町はそれぞれ「福井・坂井」と「丹南」に該当する[3]．

処置群の自治体として検討するおおい町は，2006年3月3日に大飯郡大飯町と遠敷郡名田庄村が合併して誕生した町である．旧大飯町は臨海部に位置し，旧名田庄村は内陸部に位置する．図4-1はおおい町の地図である．旧大飯町側から福井県道16号坂本高浜線を利用すると，途中から旧名田庄村の地域となる．

---

3) 各町の位置関係は，序章3節の図序-2を参照されたい．

図 4-1 おおい町の地図

注：国土交通省国土地理院の「電子国土 Web システム」の「電子国土 Web.NEXT（試験公開）」
のカラー地図を加工して作成した．

　旧大飯町側には，おおい町役場や JR 若狭本郷駅，大飯原子力発電所とその関連施設があるほか，「おおい町保健・医療・福祉総合施設なごみ」がある．この施設は，保健福祉センター部門・診療所リハビリ部門・老人保健部門・グループホーム部門からなり，なごみ保健課の保健福祉センター・診療所・介護老人保健施設・グループホームがある．診療所部分では，内科・呼吸器科・消化器科（胃腸科）・小児科・外科・整形外科・放射線科の診療が行われている．旧大飯町から近隣の市町へのアクセスは，敦賀と東舞鶴を結ぶ JR 小浜線または自動車が中心となっている．

　旧名田庄村側には，おおい町役場名田庄総合事務所（旧名田庄村役場）と道の駅名田庄があるほか，「あっとほーむいきいき館」という複合施設がある．この複合施設は，おおい町国民健康保険名田庄診療所と国民健康保険総合保健施設が一体化したもので，診療所，歯科診療所，訪問・通所介護事業所等があり，旧名田庄村の住人にとって医療・介護・福祉のセンター的な役割を果たし

ている．旧名田庄村から近隣の市町へ移動する際には，国道162号線で小浜市に出ることができる．道の駅名田庄とおおい町名田庄町営ホテル流星館の前から乗合バスが運行しており，このバスが小浜市までの唯一の公共交通機関となっている．旧大飯町側へ向かう際には，福井県道16号坂本高浜線で石山坂峠を越えて旧大飯町側に出ることになるが，坂道やヘアピンカーブ，一車線の箇所が多い上に，冬場は一部通行止めになることが多い．そのため，旧名田庄村と旧大飯町の間は移動に苦労する地形となっている．

　本章のような分析では，福井県の住人が県内の事業所のみを利用対象とする場合には，福井県のデータのみを使用する方針で問題が生じることはないが，県外の事業所も利用対象とする場合には，越境利用が推定結果に影響を及ぼす可能性がある．分析対象とする自治体のうち，永平寺町は周囲が全て県内の自治体であり，池田町と美浜町は県境が山間部である．こうした地理条件から越境利用はあっても少数であると思われる．また，おおい町の2006年度以降の複数年の傾向を同町介護福祉課に確認したところ，小浜市・高浜町・おおい町での利用のほか，県内の遠方の自治体や隣県以外の自治体での利用があり，こうした遠方での利用は，住所をおおい町に残したまま，違う自治体に居住して利用している可能性が高いとのことであった．住所と実際の居住地が一致しない個人を特定して除外することはできないが，例外的な事例であり，分析への影響は軽微であると思われる．

　次に，処置群の町と対照群の町のそれぞれの年齢階層別の人口分布（表4-1）と要支援・要介護者の分布（表4-2）を確認する．

　表4-1は，2006年4月1日時点の各町の40歳以上人口と高齢者人口の総数と人口総数に占める割合を示している．いずれの町も65歳以上人口が20%を大きく超え，65～74歳の前期高齢者の割合も10%を超えている．75歳以上の後期高齢者の割合は池田町で20.9%とやや高めであるが，それ以外はほぼ同様である．また，表4-2の要支援・要介護者の分布は，要支援1と要支援2の合計の割合がおおい町で17.5%，永平寺町で22.3%，池田町で36.8%，美浜町で20.4%となっており，池田町の割合がやや高くなっている．要介護1から要介護5に関しては，いずれの町でも要介護5の割合が相対的に低く，そのほかは要介護1から要介護4のいずれかに偏りなく分布している．人口や要支

表4-1 人口分布

町　名	人口総数	40歳以上		65歳以上		65-74歳		75歳以上	
		人口	割合	人口	割合	人口	割合	人口	割合
処置群									
おおい町	9,198	5,365	58.3%	2,398	26.1%	1,080	11.7%	1,318	14.3%
対照群									
永平寺町	20,377	11,375	55.8%	4,863	23.9%	2,388	11.7%	2,475	12.1%
池田町	3,593	2,424	67.5%	1,352	37.6%	600	16.7%	752	20.9%
美浜町	11,317	6,982	61.7%	3,112	27.5%	1,436	12.7%	1,676	14.8%

注：2006年4月1日時点の「住民基本台帳」および「外国人登録原票」による市町村集計に基づく。

表4-2 要支援者・要介護者の分布

町　名	認定者総数	要支援1		要支援2	
		認定者	割合	認定者	割合
処置群					
おおい町	348	25	7.2%	36	10.3%
対照群					
永平寺町	830	119	14.3%	66	8.0%
池田町	193	33	17.1%	38	19.7%
美浜町	472	30	6.4%	66	14.0%

町　名	経過的要介護		要介護1		要介護2	
	認定者	割合	認定者	割合	認定者	割合
処置群						
おおい町	0	0.0%	56	16.1%	76	21.8%
対照群						
永平寺町	8	1.0%	160	19.3%	123	14.8%
池田町	0	0.0%	27	14.0%	26	13.5%
美浜町	0	0.0%	87	18.4%	72	15.3%

町　名	要介護3		要介護4		要介護5	
	認定者	割合	認定者	割合	認定者	割合
処置群						
おおい町	61	17.5%	54	15.5%	40	11.5%
対照群						
永平寺町	114	13.7%	135	16.3%	105	12.7%
池田町	23	11.9%	27	14.0%	19	9.8%
美浜町	86	18.2%	66	14.0%	65	13.8%

注：福井県庁「福井県における高齢者，国民健康保険，老人医療の統計資料」の「平成18年度分 統計資料 介護保険関係資料 一般状況」より作成した。

援者・要介護者の分布において，処置群と対照群の間で大きな異質性が観察されないことから，計量分析の際に DID 法を用いる．

3 データ

本章では介護保険給付費等レセプトデータを使用する．序章2節2項の解説にあるように，このデータは，介護保険の被保険者番号をもち，かつ介護保険の介護認定を受けている人によって構成されている．分析では1か月当たりの介護報酬請求額を使用する．2007年4月におおい町の介護老人保健施設なごみが通所リハビリテーションと介護予防通所リハビリテーションの提供を始めたため，その前後1年に着目し，2006年4月から2008年3月の請求分の月次データを使用する．

また，補足的に，序章2節1項の医療保険給付費レセプトデータの65歳以上の医療費の動向も検証する．介護報酬請求額で変動が生じる場合の医療費との関連性をみるためである[4]．本章は在宅の高齢者を分析対象としているため，入院外医療費に着目する．また，2006年10月より患者の自己負担割合で一部変更があることから，ここでは給付費や自己負担額ではなく医療費そのもののデータを使用する．

介護保険給付費等レセプトデータの分析では，要介護1から要介護5の利用者を対象とする通所リハビリテーションとそれ以外の介護サービスに焦点を当てる．参考として，一部，要支援1と要支援2の利用者を対象とする介護予防通所リハビリテーションとそれ以外の介護サービスも確認する．経過的要介護は分析から除き，通所リハビリテーション以外の介護サービスとして，通所リハビリテーションと同様に日常的に利用される居宅系の介護サービス等を考える．対象とするのは，訪問介護，訪問入浴介護，訪問看護，訪問リハビリテーション，通所介護，短期入所生活介護，短期入所療養介護（介護老人保健施設），短期入所療養介護（介護療養型医療施設等），居宅療養管理指導，夜間対

---

4) 医療保険給付費レセプトデータは国民健康保険の加入者に限定するため，本章の分析で用いる介護保険給付費等レセプトデータの対象者と完全に対応するわけではない点に，留意する必要がある．

応型訪問介護，認知症対応型通所介護である．また，介護予防通所リハビリテーション以外の介護サービスも同様に考え，介護予防短期入所生活介護，介護予防短期入所療養介護（介護老人保健施設），介護予防短期入所療養介護（介護療養型医療施設等），介護予防居宅療養管理指導，介護予防訪問介護，介護予防訪問入浴介護，介護予防訪問看護，介護予防訪問リハビリテーション，介護予防通所介護，介護予防認知症対応型通所介護を対象とする．なお，ここでは65歳以上の標本に限定して分析する．

4 集計値から観察される結果

以下ではまず，集計値から観察される結果を紹介する．

表4-3は通所リハビリテーションとそれ以外について，各町の2006年度と2007年度の1か月当たりの介護報酬請求額の平均と標準偏差を示したものである．要支援1・要支援2と要介護1から要介護5までの65歳以上の標本に限定している．まず，通所リハビリテーションの介護報酬請求額をみると，おおい町では1か月当たりの平均が2006年度に551円であったものが2007年度には1657円となっており，約1000円増加している．この2006年度と2007年度の平均値の差は統計的に有意な差である．それに対し，永平寺町・池田町・美浜町ではこのような増額は観察されない．また，通所リハビリテーション以外では，おおい町では1か月当たりの平均が2006年度に4万1589円であったのが，2007年度には3万7496円となって約4000円減少し，統計的に有意な差があるのに対し，永平寺町・池田町・美浜町ではこのような減額は観察されない．このことから，おおい町では，通所リハビリテーションの提供が始まったことで，要介護者が従来使用していた介護サービスの一部を通所リハビリテーションに代替させたと推測される．

参考として，介護予防通所リハビリテーションとそれ以外についても，介護報酬請求額の平均と標準偏差を示している．介護予防通所リハビリテーションは，おおい町では0円（2006年度）から1533円（2007年度）に増加しているのに対し，池田町・美浜町では減少が顕著であり，増加はおおい町だけで観察される傾向である．介護予防通所リハビリテーション以外でも，おおい町で1

表 4-3　1 か月当たりの介護報酬請求額

町　名	通所リハビリテーション			通所リハビリテーション以外		
	観測値数	平　均	標準偏差	観測値数	平　均	標準偏差
処置群						
おおい町						
2006 年度	3,444	551***	6,633	3,444	41,589***	60,087
2007 年度	3,893	1,657	11,596	3,893	37,496	59,128
対照群						
永平寺町						
2006 年度	7,988	2,068	13,843	7,988	45,206	65,834
2007 年度	7,983	1,767	13,027	7,983	45,835	68,427
池田町						
2006 年度	2,022	613	6,121	2,022	31,296*	57,969
2007 年度	1,955	646	8,229	1,955	34,824	62,987
美浜町						
2006 年度	5,374	230	3,908	5,374	29,675	53,392
2007 年度	5,396	310	4,494	5,396	30,361	56,488
永平寺町・池田町・美浜町						
2006 年度	15,384	1,235	10,513	15,384	37,952	61,193
2007 年度	15,334	1,111	10,225	15,334	38,986	64,176
標本の属性	要介護 1-要介護 5			要介護 1-要介護 5		

町　名	(参考) 介護予防通所 リハビリテーション			(参考) 介護予防通所 リハビリテーション以外		
	観測値数	平　均	標準偏差	観測値数	平　均	標準偏差
処置群						
おおい町						
2006 年度	523	0***	0	523	13,604**	20,747
2007 年度	797	1,533	7,503	797	10,885	18,419
対照群						
永平寺町						
2006 年度	1,444	657	4,422	1,444	13,006***	16,261
2007 年度	2,401	622	4,532	2,401	14,671	17,757
池田町						
2006 年度	585	1,027*	6,818	585	17,410***	19,567
2007 年度	934	500	4,805	934	20,574	21,956
美浜町						
2006 年度	866	596***	4,583	866	18,153	20,297
2007 年度	1,499	0	0	1,499	18,764	21,435
永平寺町・池田町・美浜町						
2006 年度	2,895	713***	5,043	2,895	15,435***	18,390
2007 年度	4,834	406	3,838	4,834	17,081	19,954
標本の属性	要支援 1・要支援 2			要支援 1・要支援 2		

注：通所リハビリテーション以外は，訪問介護，訪問入浴介護，訪問看護，訪問リハビリテーション，通所介護，短期入所生活介護，短期入所療養介護（介護老人保健施設），短期入所療養介護（介護療養型医療施設等），居宅療養管理指導，夜間対応型訪問介護，認知症対応型通所介護の合算である．介護予防通所リハビリテーション以外は，介護予防短期入所生活介護，介護予防短期入所療養介護（介護老人保健施設），介護予防短期入所療養介護（介護療養型医療施設等），介護予防居宅療養管理指導，介護予防訪問介護，介護予防訪問入浴介護，介護予防訪問看護，介護予防訪問リハビリテーション，介護予防通所介護，介護予防認知症対応型通所介護の合算である．観測値数は 12 か月分の合計である．***は 1% 有意，**は 5% 有意，*は 10% 有意を表す．

万3604円（2006年度）から1万885円（2007年度）への約3000円の減少が観察される一方，永平寺町・池田町・美浜町ではそれぞれ約1500円・約3000円・約500円の増加がみられることから，減少もおおい町のみで観察される傾向である．そのため，通所リハビリテーションの場合と同様，介護予防通所リハビリテーションでも提供が始まったことで，要支援1・要支援2の要支援者が利用する介護予防サービスを変えたことが推測される．

では，通所リハビリテーション以外の介護サービスのうち，具体的にどのサービスの介護報酬請求額が減少し，どの介護サービスの介護報酬請求額が増加したのだろうか．表4-4は各サービス別に1か月当たりの介護報酬請求額の平均をまとめたものである．おおい町で顕著に増加が観察され，差が統計的に有意であるのは，短期入所療養介護（介護老人保健施設）のみであり，逆に顕著に減少が観察され，差が統計的に有意であるのは，訪問看護・通所介護・居宅療養管理指導である．これらの結果の解釈として，短期入所療養介護（介護老人保健施設）については，介護老人保健施設が通所リハビリテーションの提供を始めたため，利用者が通所リハビリテーションと短期入所療養介護（介護老人保健施設）を合わせて利用したと推測される．また，減少したサービスの1つである通所介護は，部分的に通所リハビリテーションと共通する内容を含んでいる．これは，潜在的に通所リハビリテーションを必要としていたが，提供主体がないためにこれまで通所介護を利用していた人が，通所リハビリテーションを利用するようになったことによると推察される．

次に，医療保険給付費レセプトデータで1か月当たりの入院外医療費の状況を確認する．表4-5は表4-3・表4-4と同様に，各町の2006年度と2007年度の1か月当たりの入院外医療費の平均と標準偏差を示したものである．いずれの町も2006年度と2007年度とで平均値に統計的に有意な差があり，2006年度と比べて2007年度で増加している．処置群と対照群の間で傾向に違いが観察されないことから，介護サービスの提供体制の変化は医療費には影響を及ぼしていないと考えられる．

表 4-4 各サービス別の 1 か月当たりの介護報酬請求額

町　名	観測値数	訪問介護	訪問入浴介護	訪問看護	訪問リハビリテーション	通所介護	短期入所生活介護
処置群							
おおい町							
2006年度	3,444	8,531	1,113	2,988***	216	17,612**	10,066
2007年度	3,893	7,507	1,017	2,119	288	16,222	9,037
対照群							
永平寺町							
2006年度	7,988	6,057***	188	1,713	127	27,079**	6,529
2007年度	7,983	4,582	220	1,500	134	28,790	6,484
池田町							
2006年度	2,022	7,560	0 −	2,492	0 −	12,162	8,768
2007年度	1,955	8,746	0	3,154	0	13,592	9,040
美浜町							
2006年度	5,374	5,791*	849***	2,019	146***	15,701***	4,360
2007年度	5,396	6,776	1,484	2,273	28	13,902	4,961
永平寺町・池田町・美浜町							
2006年度	15,384	6,162	394***	1,922	117*	21,144	6,066
2007年度	15,334	5,885	637	1,983	79	21,613	6,274

注：数値は平均を表す．観測値数は12か月分の合計である．***は1%有意．**は5%有意．*は10%有意．−は検定不能を表す．

表 4-4（つづき） 各サービス別の1か月当たりの介護報酬請求額

町名	観測値数	短期入所療養介護（介護老人保健施設）	短期入所療養介護（介護療養型医療施設等）	居宅療養管理指導	夜間対応型訪問介護	認知症対応型通所介護
処置群						
おおい町						
2006年度	3,444	320***	29	715***	0 –	0 –
2007年度	3,893	768	0	538	0	0
対照群						
永平寺町						
2006年度	7,988	948	323	78	0 –	2,164
2007年度	7,983	937	487	70	0	2,630
池田町						
2006年度	2,022	0 –	11	303	0 –	0 –
2007年度	1,955	0	36	255	0	0
美浜町						
2006年度	5,374	508	289	12	0 –	0 –
2007年度	5,396	687	231	19	0	0
永平寺町・池田町・美浜町						
2006年度	15,384	669	270	84	0 –	1,123
2007年度	15,334	730	340	76	0	1,369

注：数値は平均を表す．観測値数は12か月分の合計である．****は1%有意，***は5%有意，*は10%有意．– は検定不能を表す．

表4-5 1か月当たりの入院外医療費

町　名	入院外医療費		
	観測値数	平　均	標準偏差
処置群			
おおい町			
2006年度	11,364	8,627***	13,834
2007年度	11,796	9,894	14,895
対照群			
永平寺町			
2006年度	19,356	11,747***	16,179
2007年度	20,268	12,954	18,747
池田町			
2006年度	5,220	13,334***	17,110
2007年度	5,136	14,823	18,062
美浜町			
2006年度	12,912	11,925***	15,883
2007年度	13,740	13,429	16,903
永平寺町・池田町・美浜町			
2006年度	37,488	12,029***	16,220
2007年度	39,144	13,366	18,040

注：観測値数は12か月分の合計である．2006年度の集計は資格喪失が2007年4月以降の標本，2007年度の集計は資格喪失が2008年4月以降の標本による．
***は1％有意を表す．

5　推定方法と推定結果

　集計結果から大まかな傾向を把握したところで，次に計量モデルを使って，説明変数で個人属性をコントロールし，通所リハビリテーションのサービス提供が介護費にもたらす影響を検証する[5]．

　分析では，通所リハビリテーションの介護報酬請求額を被説明変数とする推定と，通所リハビリテーション以外の介護報酬請求額の合計額を被説明変数とする推定を行う．

　本章では，データを逐次クロスセクションデータ（repeated cross section data）として扱い，DID法の推定方法にのっとって，以下の推定式を最小二乗法で推定する[6]．

---

5)　介護予防通所リハビリテーションは一部の町で利用者が少ないため，計量分析を行わない．
6)　通所リハビリテーションの介護報酬請求額は0円の標本が多いという特徴があり，本来は打ち切りデータ（censored data）を考慮したトービットモデル等の活用が適切であると思われる．

$$y_{it} = \beta_0 + \beta_1 dOhi_i + \beta_2 d2007_t + \beta_3 dOhi_i \cdot d2007_t + \mathbf{x}'_{it}\boldsymbol{\beta} + u_{it} \quad (4\text{-}1)$$

i は個人 i, t は時点 t を表し, y_{it} は介護報酬請求額の観測値, β_0 は定数項, β_1, β_2, β_3, $\boldsymbol{\beta}$ はいずれも係数で, $\boldsymbol{\beta}$ は係数の行列を表す. $dOhi_i$ はおおい町ダミーで, 個人 i がおおい町の住人ならば 1, 永平寺町・池田町・美浜町の住人ならば 0 をとるダミー変数である. $d2007_t$ は 2007 年度ダミーで, データが 2006 年 4 月から 2007 年 3 月のいずれかの月であるならば 0, 2007 年 4 月から 2008 年 3 月のいずれかの月であるならば 1 をとるダミー変数である. u_{it} は誤差項で, $\mathrm{E}[u_{it}]=0$, $\mathrm{cov}(u_{it}, dOhi_i)=0$, $\mathrm{cov}(u_{it}, d2007_t)=0$, $\mathrm{cov}(u_{it}, dOhi_i \cdot d2007_t)=0$, $\mathrm{cov}(u_{it}, \mathbf{x}_{it})=0$ を仮定する. $\mathbf{x}_{it}$ は行列を表し, おおい町ダミーや 2007 年度ダミー以外の説明変数である男性ダミー, 年齢, 要介護ダミーを表す. また, 極端に標本数が小さくなることを避けるため, 2006 年度と 2007 年度の途中月から資格を得る標本や途中月で資格を喪失する標本も推定の対象とする.

表 4-6 は推定に使用した標本の記述統計量と各説明変数の説明をまとめたもので, 表 4-7 は推定結果を示している[7].

推定結果より, 大きく 2 つの点が確認できる. 第 1 に, 通所リハビリテーションの介護報酬請求額を被説明変数とする推定式では, 2007 年度ダミーとおおい町ダミーの交差項の係数が正に有意である. すなわち, サービスの提供によって介護報酬請求額が統計的に有意に増加すると言える. 係数の数値が 1205 であるため, 通所リハビリテーションの提供による増加額は約 1200 円である. 第 2 に, 通所リハビリテーション以外の介護報酬請求額を被説明変数とする推定式では, 2007 年度ダミーとおおい町ダミーの交差項の係数が負に有意である. すなわち, 通所リハビリテーションの提供によって, 通所リハビリテーション以外の介護報酬請求額が統計的に有意に減少するという結果が得ら

しかしながら, トービットモデルにおいて, DID 法の交差項の限界効果を評価するためには, 非線形性を考慮する必要があり, かなり複雑な形になるものと考えられる. このため, 便宜的に, 限界効果の解釈が容易な線形モデルの推定を採用することにした. ちなみに, ロジットモデルにおける DID 法についても, 同様の非線形性の問題が生じるが, Liu, et al. (2004) は, やはり解釈が容易な線形確率モデルを用いることを推奨している.

7) 表 4-7 の推定結果では, おおい町・永平寺町・池田町・美浜町の標本のデータを使用している. このほか, 嶺南に位置するおおい町と美浜町の標本のデータに限定して, 同じように推定を行ったが, 定性的には表 4-7 と同様の結果を得た.

表4-6 推定で使用する標本の記述統計量

変数	平均	標準偏差	最小値	最大値
被説明変数				
介護報酬請求額 ：通所リハビリテーション（円/月）	1,166	10,227	0	205,200
介護報酬請求額 ：通所リハビリテーション以外（円/月）	38,651	62,118	0	329,223
説明変数				
男性ダミー	0.32	0.47	0	1
年齢	84.18	7.31	65	108
2007年度ダミー	0.51	0.50	0	1
おおい町ダミー	0.19	0.39	0	1
2007年度ダミー×おおい町ダミー	0.10	0.30	0	1
要介護2ダミー	0.20	0.40	0	1
要介護3ダミー	0.19	0.39	0	1
要介護4ダミー	0.18	0.38	0	1
要介護5ダミー	0.17	0.37	0	1
観測値数（2006年度・2007年度の2年分）		38,055		

注：男性ダミーは，標本が男性の場合に1，女性の場合に0とする．2007年度ダミーは，2007年度のデータを1，2006年度のデータを0とする．おおい町ダミーは，おおい町の標本の場合に1，永平寺町・池田町・美浜町の標本の場合に0とする．2007年度ダミー×おおい町ダミーは，2007年度ダミーとおおい町ダミーの交差項である．要介護2ダミーは，標本が要介護2の場合に1，それ以外の場合に0とする．要介護3ダミー，要介護4ダミー，要介護5ダミーも同様である．リファレンスグループは，要介護1の標本である．

表4-7 推定結果

被説明変数	通所リハビリテーション 介護報酬請求額		通所リハビリテーション 以外 介護報酬請求額	
説明変数	係数	標準誤差	係数	標準誤差
男性ダミー	940***	116	992	703
年齢	-28***	7	-339***	45
2007年度ダミー	-112	117	444	709
おおい町ダミー	-705***	192	3,042***	1,166
2007年度ダミー×おおい町ダミー	1,205***	266	-5,498***	1,610
要介護2ダミー	798***	155	12,414***	939
要介護3ダミー	327**	158	12,848***	958
要介護4ダミー	-564***	160	9,252***	971
要介護5ダミー	-441***	164	2,806***	991
定数項	3,271***	637	59,632***	3,863
修正済み決定係数	0.005		0.009	
観測値数（2006年度と2007年度の2年分）	38,055		38,055	

注：***は1%有意，**は5%有意を表す．

れたと言える．係数の数値が−5498であるため，減少額は約5500円である．通所リハビリテーションの提供によって，約1200円増額すると同時に約5500円減額することから，要介護者が利用する介護サービスの種類を変更させているとともに，介護報酬請求額が平均的にみて大幅に減少していると言える．この結果は4節の集計値とも整合的である．本節の分析では，個人属性を説明変数としてコントロールしているため，提供主体が現れたことによる厳密な効果を議論する際には，集計値よりも推定結果の数値を参照することが望ましい．

そのほかの説明変数をみると，年齢といくつかのダミー変数がいずれも統計的に有意である．男性ダミーは，通所リハビリテーションと通所リハビリテーション以外の両方で正である．これは男性の要介護高齢者が女性の要介護高齢者と比べて介護報酬請求額がより高くなることを意味する．通所リハビリテーションでの係数は940，通所リハビリテーション以外での係数は992であるため，両方合わせて2000円程度，介護報酬請求額が男性で高くなることを意味する．

要介護ダミーは，要介護1をリファレンスグループとしており，通所リハビリテーションでは，要介護2ダミーと要介護3ダミーが正に有意で，要介護4と要介護5が負に有意である．これは，通所リハビリテーションにおいて，要介護1に比べて，要介護2と要介護3で積極的に利用され，要介護4と要介護5では逆に利用されていないことを表している．要介護4と要介護5はかなり状態が重度であるため，そもそも通所リハビリテーションへの需要が少なく，要介護2と要介護3は介護報酬請求額の上限額が要介護1よりも高いため，より多く利用していることが考えられる．また，通所リハビリテーション以外では，要介護2から要介護5のすべてのダミー変数が正に有意である．これは，要介護1と比べて要介護2から要介護5では介護サービスへの需要が大きいことや，要介護2から要介護5の介護報酬請求額の上限額が要介護1の介護報酬請求額の上限額よりも高いことが，影響していると考えられる．

6 おわりに

本章は，2007年4月に福井県おおい町の介護老人保健施設が通所リハビリテーションの提供を始めたことで，2006年度と2007年度で，介護費や利用する介護サービスの種類がどのように変化したかを検証した．

その結果，大きく3つの点が観察された．第1に，通所リハビリテーションの提供開始というイベントが生じたことで，提供されたおおい町では，通所リハビリテーションの介護報酬請求額が増加する一方，ほかの居宅系の介護サービス等の介護報酬請求額の合計額がそれ以上に減少していた．提供されていない永平寺町・池田町・美浜町では，このイベントの前後で変化が小さかったことから，おおい町で観察された変化は，通所リハビリテーションの提供開始によるものであると考えられる．DID法より，通所リハビリテーションの介護報酬請求額が平均して1か月当たり約1200円増加する一方，それ以外の居宅系の介護サービス等の介護報酬請求額の合計額は，平均して1か月当たり約5500円減少することがわかった．

第2に，通所リハビリテーション以外の居宅系の介護サービス等の中で，通所リハビリテーションと同様に介護報酬請求額が増加したサービスと，逆に減少したサービスがあることが観察された．増加したものは短期入所療養介護（介護老人保健施設）であり，減少したものは訪問看護，通所介護，居宅療養管理指導である．減少したもののうち，通所介護は通所リハビリテーションと部分的にサービス内容が近いことが影響したと考えられる．

以上により，通所リハビリテーションに関しては，まったく提供主体がなかった自治体内で新たに提供主体が現れると，通所リハビリテーションの介護報酬請求額が増加する一方，それよりもはるかに，ほかの介護サービスの介護報酬請求額が減少することがわかった．これは選択可能な介護サービスの種類が増えたことで，利用者がより自分に合った介護サービスを選び，これまでの必ずしもニーズに合致していない非効率な利用を減少させたものと考えられる．すなわち，適切な介護サービスの供給が全体としての介護報酬請求額を下げた事例として注目すべきものであると言える．

今後の課題としては，イベントの影響が一時的なものか，継続的なものかを

識別することや，提供主体や介護サービスの偏在化が高齢者の健康状態や要介護状態に与える影響を検証することなどが考えられるだろう．

[付記]

本章の執筆に関しては，2012年2月3～4日に行われたレセプト分析報告会の参加者ならびに雑誌『医療経済研究』の査読者から，分析方法や統計的記述に関する建設的なコメントを多数いただいた．ここに感謝の意を表したい．なお，本章に残された誤りは，全て筆者らの責に帰する．

第5章

介護予防給付
状態像への影響

1 はじめに

　介護保険制度が2000年4月に導入されて以来，要介護認定者は10年間で約2.2倍増加した．特に，制度開始直後の要介護1以下の軽度の要介護認定者の増加は著しく，2005年度までは，対前年比で10%以上増加していた．その一方で，軽度の要介護者に対するサービスが，必ずしも彼らの要介護状態の改善につながっていないという指摘もあったことから，2005年度の介護保険制度改革では，これまでの日常生活の支援という側面が強かった「介護」を重視するシステムから，要介護状態の重度化を防ぐ「予防」を重視するシステムへの転換が行われた．具体的には，特定高齢者を対象とした地域支援事業と，要支援者を対象とした介護予防給付が新設された．これらでは，生活機能を維持向上させるための既存サービスの内容・提供方法・提供期間の見直しや，効果が明確な運動器の機能向上や栄養改善等がプログラムの一環として取り入れられた．こうした介護予防サービスを保険給付の対象とすることによって，発病そのものの予防や，傷病の早期発見や早期治療，および重症化の防止を通して，高齢者の生活の質（Quality of Life, QOL）を高め，健康寿命を延伸させることが期待されている．

　しかしながら，介護予防給付が導入されてから，本章の初出時点で，すでに5年以上が経過しているにもかかわらず，その効果に関する定量的な分析は，一部の特定の介護予防サービスや介護予防プログラムの効果についての検証を行うにとどまっている．本章では，介護予防給付の導入が要支援者の要介護度に与えている影響を包括的にとらえた上で，どのような介護予防サービスの利

用が要支援者の要介護度の維持・改善に効果的であるのかを検証する．2011年末の「提言型政策仕分け」において，軽度の要介護者に対する自己負担の引き上げ等が今後の検討課題として挙げられたことからも，本章の分析は，今後の介護保険制度のあり方やその改革に対して重要な政策的含意をもつものであると考えられる．また，本章の分析では，多くの先行研究が抱えている介護予防給付の効果が過大推計されているという分析上の問題点も克服している．介護予防給付の利用は，要支援者にランダムに割り当てられるわけではなく，2005年4月以降の要介護認定で要支援1・2と判定された者だけに提供される．このような事実は，分析結果にセレクションバイアスを生じさせるため，介護予防給付の効果を精確に推定するためには，これに対する適切な対応を取ることが必要不可欠である．本章の分析では，伊藤他（2011）と同様に，傾向スコアマッチング法を用いてセレクションバイアスの除去を試みている．

本章の構成は以下の通りである．次節では，本章の分析に関連する先行研究をまとめる．3節では本章の分析で用いるデータの概要と要支援者の要介護度の推移を示す．4節では分析方法について説明する．5節では推定結果を報告する．6節は本章のまとめである．

2 先行研究

介護予防給付の効果を定量的に検証した先行研究には，介護予防継続的評価分析等検討会（2008a；2008b；2008c；2009．以下，「検討会」と示す），辻他（2009），徐・近藤（2010）および伊藤他（2011）がある．

検討会（2008a；2009）は，2004年と2007年における継続的評価分析支援事業に参加した83市町村の介護保険給付費レセプトデータ等を用いて，介護予防サービスの費用対効果分析を行っている．その結果，介護予防給付の導入によって，要介護度が悪化する者は1000人中155人ほど減少しており，それにともなって介護費用も1人当たり年間で10万7000円ほど減少することを報告している．検討会（2008b；2008c）は，検討会（2008a）で使用したデータを用いて，介護予防サービスの導入前後で，通所介護・通所リハビリテーション・訪問介護の3サービス利用者の利用回数の変化および利用回数ごとの要介

護度の変化を集計している．この分析では，要介護度の変化と利用回数の変化の間に有意な相関関係が存在することが明らかにされている．しかし，検討会（2008b；2008c）の分析結果については，徐・近藤（2010）が指摘しているように，「利用回数を減らしたため改善した」のではなく，「改善したために利用回数を減らした」という逆の因果関係が考慮されていない．実際に，徐・近藤（2010）では，2005年4月から2007年3月におけるある県の7保険者の介護レセプトを用いて，検討会（2008b；2008c）と同様の分析が試みられている．上述の逆の因果関係をコントロールするために，丁寧にサンプルを分割して集計したところ，通所介護の利用回数減少群において，要介護度の発症や悪化が4倍以上に増えたことを確認しており，これは逆の因果関係の存在を示唆する結果であるとしている．

辻他（2009）は，検討会（2008a；2008b；2008c；2009）の調査対象であった83市町村において，介護予防のケアプランの作成対象となった9105人の特定高齢者と要支援者に関して，個人特性と機能的予後の関連，運動器の機能向上の効果，栄養改善の効果，口腔機能の向上，通所型サービス利用と閉じこもりの関係，認知症とうつの予防および支援の効果等を分析している．多項ロジスティック回帰モデル等の結果から，これらの介護予防給付サービスは特定高齢者や要支援者の機能改善に貢献していることが確認されている．伊藤他（2011）は，辻他（2009）で使用されたデータを用いて，介護予防を目的とした運動器の機能向上プログラムへの参加の効果を検証している．彼らは，辻他（2009）では考慮されていなかったセレクションバイアスを調整するために，傾向スコアマッチングを用いた評価を行っている．その結果，プログラム参加者のリスク発現時間が遅いこと，もの忘れテストの結果や既往症の有無が介護予防の効果に影響を与えていること，また，プログラムに継続参加した高齢者の基本チェックリストの点数が，非参加者よりも高いことを確認しており，このプログラムの有効性を支持している．

また，類似の研究には，井伊・大日（2002），田近・菊池（2005），吉田他（2007）がある．井伊・大日（2002）は，1999年と2000年に独自に実施した「公的介護保険に関する住民意識・実態把握のためのアンケート調査」を用いて，介護保険制度の導入前後において，高齢者の予防行動の変容について分析してい

る．分析に用いたサンプルによって結果は異なるものの，介護保険制度の導入が高齢者の要介護度の変化に与える効果は限定的であったという結果が得られている．田近・菊池（2005）は，2000年4月から2003年10月の東京都杉並区における第1号被保険者の個票データを用いて，介護サービスの利用が要介護状態の維持・改善に与える影響を検証している．その結果，ほとんど全てのサービスにおいて，介護サービスの利用が要介護状態の維持・改善に効果的ではなかったということを明らかにしている．吉田他（2007）は，新潟県与板町で実施された高齢者総合調査の個票データを用いて，同町で導入された在宅高齢者を対象とした介護予防事業（交流サロン，転倒予防教室，認知症予防教室）の費用対効果を推計している．これらの事業に参加した高齢者と参加しなかった高齢者の年間（2000～2003年度）の医療費と介護費を比較したところ，参加者の平均医療費は減少し，非参加者の医療費は増加したことを確認している．また，平均介護費はともに増加していることが確認されているが，参加者の伸びはわずかである一方，非参加者の介護費は3倍程度増加したことを報告している．

しかしながら，これらの研究は以下のような分析上の問題を抱えている．井伊・大日（2002）では，介護保険制度が導入された2000年における効果（2000年ダミーの効果）を介護保険制度の効果として分析を行っているが，2年間という短期間のデータを用いた分析結果を一般的な結果として解釈するのには無理があると思われる．なぜならば，予防接種等の一次的な予防行動でその後の健康への影響がほとんどブロックできるものとは異なって，介護予防は継続的に行うことで，徐々にその効果が現れてくる性質をもつものであると考えられるためである．また，介護保険制度導入の効果と他の観察されない年効果との識別が十分に行われていないため，井伊・大日（2002）の分析では，介護保険制度以外の何らかの要素が要介護者の介護状態を悪化させている可能性を否定することができない．一方で，田近・菊池（2005）は，長期間にわたる行政の個票データを用いているという点で，上記の課題を克服している．しかし，田近・菊池（2005）では，期間内における6か月おきの情報しか用いていないため，その間に利用した介護サービスが要介護度に影響を与えるプロセスが十分に考慮されていない．また，吉田他（2007）の分析対象としている与板町の予防事業は高齢者個人の判断で参加が認められている事業であるため，多

くの先行研究と同様に，セレクションバイアスによって予防事業の効果が過大に推計されている可能性がある．

3 データ

3.1 データの概要

　本章の分析対象は，2003年4月から2009年10月にわたる福井県下全17市町の介護保険給付費等レセプトデータから得られる介護保険の要介護認定者7万1369人である．この個人レベルの月次パネルデータを用いて，介護予防給付の導入が，初回の要介護認定において旧要支援または要支援1のいずれかの判定を受けた認定者[1]（以下，「要支援者」と示す）の要介護状態の経時的な変化にどのような影響を与えたのかを検証する．ただし，可能な限り精確な分析を行うために，下記に該当する個人を分析サンプルから除外した．(1) 2003年3月以前にすでに要介護認定を受けていた個人，(2) 2003年4月以降に要介護認定を受けた個人で，初回要介護認定時に64歳以下であった個人，(3) 市町村合併によって市町村名が変更された地域に住んでいた個人．(1) については，データ始期以前に介護サービスを利用している可能性があるためである．(3) については，本データでは市町村合併時に市町村名が変わった自治体の居住者は新規資格取得として扱われており，本来の意味での新規取得との識別が不可能となっている．このため，該当年月の資格取得者をサンプルから除外した．

　こうした処置を施した結果，分析に用いる観測値数は6297（476人）になった．なお，このデータには，各個人の詳細な心身の健康状態や生活習慣，世帯属性，所得水準，保険料段階，および提供されている詳細な介護サービスの項目，サービス提供事業者に関する諸属性が含まれていない．また，一部の個人については医療費の使用状況も把握できるが，全員の医療費の使用状況は把握することができない．これらの諸要因は介護需要に大きな影響を与えうるので，本章の分析結果の解釈には一定の留意が必要である．

---

[1] 2006年度から実施された介護予防給付は，要支援2の個人も受給可能だが，彼らの身体的な機能は要介護1と同等であるため，要支援2の個人は分析の対象から除外している．

3.2 要支援者の要介護度の推移と累計介護費の比較

詳細な分析に先立って，介護予防給付の導入前後における要支援者の要介護度の経時的な推移と介護費用を比較する．図 5-1 は，「介護給付グループ」と「予防給付グループ」の要支援にとどまっている割合（要支援者割合）の推移を比較したものである．「介護給付グループ」には，2003 年 4 月から 2006 年 3 月の間に初めて受けた要介護認定で，要支援の判定を受けた 183 人（最長 36 か月間[2]）が含まれており，「予防給付グループ」には，2006 年 4 月から 2009 年 3 月の間に初めて受けた要介護認定で，要支援 1 の判定を受けた 293 人（最長 36 か月間）が含まれている．介護予防給付に要支援者の要介護状態の悪化を抑制する効果があるならば，予防給付グループの要支援者割合は，介護給付グループのそれに比べて高くなる[3]．

図 5-1 をみると，予防給付グループの要支援者割合は，常に介護給付グループのそれを上回っている様子が確認できる．このことは，介護予防給付の利用は，要支援者の状態の悪化を抑制する効果をもつ可能性があることを示唆している．また，どちらのグループにおいても，要支援者割合は，経過月数が増えるにしたがって低下していく様子がみられる．具体的には，要介護認定が 6 か月間隔で行われるため，6 か月周期で要支援者割合が大きく低下する形となっている．また，それぞれの要支援者割合を詳しくみてみると，予防給付グループは利用開始から 7 か月目までは平均 95% 程度で推移をしているが，8 か月目に要支援者割合が急激に下落して，その後 19 か月目までは，平均 62% 程度で推移している．また，20 か月目には再び急激な下落があり，その後は平均 47% 程度を推移している様子が確認できる．一方で，介護給付グループは，6 か月目に要支援者割合が 90% を割ると，8 か月目に急激な下落があり，その後は 19 か月目まで緩やかに割合は下落していく．また，予防給付グループと同様に，20 か月目において再び急激な下落があり，その後は平均 32% 程度で推移していく様子がみられる．

---

[2] 導入前グループの経過期間を 2006 年 3 月で区切った理由は，導入後グループに含まれる個人の中には，途中で介護予防給付に切り替わるものも存在し，正確な比較ができなくなるためである．

[3] 個人によって要介護認定を受けた年月が異なるため，月の経過にしたがって個人数は次第に減少していく．

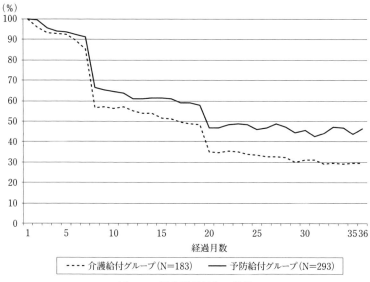

図 5-1　要支援者割合の推移

出所：筆者作成.

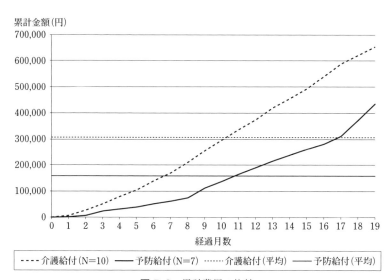

図 5-2　累計費用の比較

出所：筆者作成.

図5-2は,介護保険制度改革前後の19か月間の累積費用をまとめたものであるが,利用開始直後から明らかに予防給付受給者の累積費用の方が低く,介護予防給付の導入が介護保険財政の改善に貢献している様子がうかがえる.図5-1で示唆されたように,介護予防給付の利用が要介護度の維持・改善効果を有しているならば,一定の費用対効果は存在するものであると考えられる.

もちろん,これらの単純な比較は,グループ以外の属性を考慮していないという問題がある.例えば,ここで示された介護予防給付の効果は,介護予防給付以外の別な要因による可能性もあるし,同時期に変更された要介護認定基準の変更の結果が影響しているかもしれない.本項の単純な集計では,これらを識別するのが困難であるため,次節では計量経済分析を行うことによって,予防給付の利用が要介護度の変化に与える因果効果を推定する.

4 計量経済モデル

介護予防給付の導入が,要支援者の要介護状態に与える因果効果を検証するための最もシンプルな分析方法は,下記の(5-1)式を推定することである.

$$y_{it}^* = \alpha_1 \cdot prevention_{it-1} + \mathbf{x}'_{1it}\beta + u_{it} \qquad (5\text{-}1)$$

ただし,y_{it}^* は個人 i の t 時点における要介護度を示す潜在変数である.$prevention_{it-1}$ は $t-1$ 時点において1円以上の介護予防給付費が発生している個人に1をとるダミー変数である.$\mathbf{x}_{1it}$ は個人属性(男性ダミー,年齢とその2乗項)に,要介護認定の経過月数(0~6か月を基準として,7~12か月・13~18か月・19~24か月・25か月以上の4種類),$t-1$ 時点までの介護サービスの利用実績(具体的には,介護費[4]累計額とその2乗項と,介護サービス利用累計日数とその2乗項),そして,地域効果(保険者ダミー変数群),季節効果(月次ダミー変数群)およびタイムトレンドを含む説明変数群である.u_{it} は誤差項である.また,介護予防給付の受給が要介護度の維持・改善に有意に影響しているのであれば,それを受給している期間によって,要介護度の変化

---

[4] 本章の分析で用いる介護費は,保険請求額と利用者負担額の合計金額である.

に与える影響が異なることが予想される．そこで，本章の分析では，説明変数に予防給付ダミーと要介護認定の経過月数の交差項を加えた定式化での推定も試みる．

一般的に，女性の平均余命は男性よりも長いことから，男性ダミーは負に推定されることが予想される．また，加齢にともなって要介護度は高くなる傾向があると考えられるため，要介護度は年齢の増加関数になっていることが予想される．加えて，図5-1から明らかなように，認定後の経過月数が進むにつれて，要介護度は上昇していく傾向が見受けられるため，これらの係数は正に推定されることが予想される．介護サービスの利用実績については，介護給付グループの場合は，要支援として受けたサービスの介護費の前月までの累計額とその累計日数であり，予防給付グループの場合は，要支援1として受けたサービスの介護費の前月までの累計額とその累計日数である．これらの変数は，これまでに自身へ投入された介護サービスの総量の代理変数であると考えることができる．すなわち，Grossman（1972）に代表される健康資本理論にしたがえば，この係数の推定値は，投入された介護・介護予防サービスが要支援者の要介護度の改善に与えた効果を示すものであるとみなせる．

しかしながら，2005年度の介護保険制度改革では，介護予防給付の導入と同時に要介護認定の基準変更も行われているため，(5-1) 式の定式化では，介護予防給付の導入が要介護度に与える因果効果を精確に検証することができない．すなわち，制度施行後に要介護度が変更されたとしても，それが介護予防給付の効果によるものか，それとも単に基準が変わったことによるものであるかを識別することができない．ここでは，それらの効果を識別するために，以下の (5-2) 式を推定する．

$$y^*_{it} = \alpha_1 \cdot prevention_{it-1} + \alpha_2 \cdot reform_t + \mathbf{x}'_{1it}\beta + u_{it} \qquad (5\text{-}2)$$

(5-1) 式と異なる点は，導入後グループの個人に1をとる介護保険制度改革ダミー（$reform$）が追加されている点である．(5-2) 式において，要介護認定の基準変更による要介護度の変化は，介護予防給付受給者（$prevention=1$）の場合は $\alpha_1+\alpha_2$，それ以外の要支援者の場合は α_2 で示される．したがって，それらの差である α_1 は介護予防給付が要介護度の変化に与える因果効果を表

表 5-1 記述統計量と平均値の差の検定結果

サンプル	全サンプル 平均	%	標準偏差	介護給付グループ 平均	%	標準偏差	予防給付グループ 平均	%	標準偏差	平均値の差の検定 平均値の差	標準誤差
要介護度	0.628		1.086	0.765		1.171	0.521		1.002	−0.244***	0.028
自立・旧要支援・要支援1		70.5			67.7			72.8			
要支援2		7.2						12.8			
要介護1		14.4			24.2			6.7			
要介護2		4.9			4.4			5.3			
要介護3		2.1			2.6			1.7			
要介護4		0.6			1.1			0.3			
要介護5		0.3			0.0			0.5			
介護保険制度改革ダミー	0.559		0.496	0.000		0.000	1.000		0.000		
予防給付ダミー	0.199		0.399	0.000		0.000	0.356		0.479		
訪問系サービス	0.233		0.423	0.289		0.454	0.155		0.362	−0.101***	0.011
通所介護	0.199		0.399	0.204		0.403	0.161		0.368	−0.008	0.010
通所リハビリテーション	0.049		0.216	0.050		0.218	0.040		0.195	−0.002	0.005
短期入所系サービス	0.015		0.122	0.021		0.142	0.004		0.065	−0.010***	0.003
その他	0.510		0.500	0.571		0.495	0.351		0.477	−0.108***	0.013
性別（男性=1）	0.338		0.473	0.349		0.477	0.330		0.470	−0.019	0.012
年齢	75.072		8.917	76.848		8.738	73.674		8.808	−3.173***	0.223
要介護認定経過月数											
0～6か月	0.351		0.477	0.358		0.479	0.347		0.476	−0.011	0.012
7～12か月	0.267		0.442	0.273		0.446	0.262		0.440	−0.011	0.011
13～18か月	0.160		0.367	0.161		0.367	0.160		0.366	−0.001	0.009
19～24か月	0.138		0.345	0.130		0.337	0.144		0.352	0.014*	0.009
25か月以上	0.083		0.276	0.078		0.269	0.087		0.282	0.009	0.007
介護費用累計額（千円）	348.460		645.903	398.170		770.304	309.318		524.518	−88.852***	17.088
介護サービス利用累計日数	49.086		105.395	75.727		134.216	28.109		68.373	−47.618***	2.797
観測値数	6,297			2,774			3,523				
個人数	476			183			293				

注：***は1％有意水準，**は5％有意水準でそれぞれ有意であることを示す．サービス区分は以下の通りである．ただし，介護予防給付に含まれるサービスは，介護予防訪問介護，介護予防訪問入浴介護，介護予防訪問看護，介護予防訪問リハビリテーション，介護予防通所介護，介護予防通所リハビリテーション，介護予防短期入所生活介護，介護予防短期入所療養介護，介護予防認知症対応型通所介護（介護老人保健施設，介護療養型医療施設等）．[その他]：福祉用具貸与，特定福祉用具販売，住宅改修，特定施設入居者生活介護，認知症対応型共同生活介護（短期利用型），認知症対応型共同生活介護，介護老人福祉施設サービス，介護老人保健施設サービス，介護療養型医療施設サービス，特定入所者介護サービス等（2005年9月以前，特定入所者介護サービス等（居住費，介護予防福祉用具貸与，小規模多機能型居宅介護，介護予防小規模多機能型居宅介護

している.

　また,上述の定式化では,介護予防サービスの利用といった選択行動（$prevention_{it-1}$）が外生であると仮定していることになる.もし介護予防サービスの利用が完全に要介護者の判断によって決定されているのであれば,内生性の問題により推定値にバイアスが生じる.しかしながら,各個人が利用する介護保険サービスは,ケアマネージャーによって事前に策定されたケアプランに基づいて提供されるため,介護予防給付ダミーを外生変数として取り扱うという仮定は概ね妥当であると考えられる.しかしながら,介護予防給付は要支援者にランダムに割り当てられるわけではなく,2005年4月以降の要介護認定で要支援1または要支援2と判定された者が利用できる.このような事実は,上記の推定式のパラメーターにサンプルセレクションバイアスを生じさせるため,推定されるパラメーターは一致性をもたない（例えば,Angrist and Pischke, 2009).実際に,使用変数の記述統計量と,それらの平均値の差の検定結果をまとめた表5-1によれば,一部の説明変数において,グループの違いによって平均値に有意な差があることが確認できる.したがって,介護予防給付の導入が,要支援者の要介護状態に与える精確な因果効果を推定するためには,このセレクションバイアスを除去する必要がある.

　この問題に対して,本章の分析では,傾向スコアに基づくマッチング法（propensity score matching method）を用いて対応する.すなわち,サンプルから予防給付受給者の反実仮想（counterfactual）を1対1でマッチングさせたうえで,上述の分析を試みる.具体的には,まず以下の（5-3）式をプロビットモデルで推定し,その確率予測値（傾向スコア）を求める.

$$prevention^{*}_{it-1} = \gamma_0 + z'_{it}\gamma + v_{it} \qquad (5\text{-}3)$$

ただし $prevention^{*}_{it-1}$ は $prevention_{it-1}$ の潜在変数,z_{it} は性別,年齢とその2乗項,要介護認定の経過月数ダミー変数群,およびタイムトレンドを含む説明変数群であり,v_{it} は標準正規分布にしたがい,$\mathrm{E}[v_{it}|z_{it}]=0$, $\mathrm{var}[v_{it}|z_{it}]=1$ を満たす誤差項である.次に,その傾向スコアを用いて,サンプルのマッチングを試みる.しかしながら,マッチングの精度やそれにともなう推定結果は,その都度異なることが指摘されている（例えば,Guo and Fraser, 2014).本

章の分析では，マッチング方法の中でも代表的な Rosenbaum and Rubin (1985) によって提唱された傾向スコアで定義されたカリパー内における最近傍マハラノビスマッチング法（nearest available mahalanobis metric matching within calipers defined by the propensity score）と，Heckman et al. (1997) によって提唱されたノンパラメトリック回帰（局所回帰）による傾向スコアマッチング法（propensity score matching with nonparametric regression/local linear regression）を用いる[5]。

マッチングサンプルを用いた分析については，パラメーターを識別するために，(5-3) 式で用いた変数の一部を除外する必要がある。本章の分析で用いているレセプトデータから利用できる情報は極めて限定的であるため[6]，ここではタイムトレンドを除外変数として，以下の (5-4) 式を推定する[7]。

$$y_{it}^* = \alpha_1 \cdot prevention_{it-1} + \alpha_2 \cdot reform_t + \mathbf{x}'_{2it}\beta + u_{it} \quad (5\text{-}4)$$

ただし，$\mathbf{x}_{2it}$ は $\mathbf{x}_{1it}$ からタイムトレンドを除いた説明変数群である。なお，マッチングサンプルを用いた推定では，セレクションバイアスの影響は除去されると考えられるが，元の (5-2) 式に含まれる説明変数とは異なるため，これらの結果を単純に比較することができない点には注意が必要である。

なお，潜在変数 y_{it}^* については，2値変数 $y_{1,it}$ と順序変数 $y_{2,it}$ を採用し，前者を被説明変数とするモデルをプロビットモデル，後者のモデルを順序プロビ

---

5) 推定には Leuven and Sianesi (2003) を用いている。なお，以下では Rosenbaum and Rubin (1985) によって提唱されたものを MMC マッチング，Heckman et al. (1997) によって提唱されたものを LLR マッチングと記す。なお，紙幅の都合上，(5-3) 式の推定結果とマッチング前後の平均値の差の検定結果の詳細はここでは示していないが，MMC マッチングサンプルでは，表 5-1 で示した個人属性の差が概ね有意でなくなっていることが確認できる。これらの結果は，湯田他 (2013) にまとめられている。

6) 本章の分析のように，使用データにおいて利用可能な情報に制限がある場合，マッチングの精度やその後の推定結果に大きな影響を与える可能性があるため，ここでの分析結果には，一定の留意が必要である。

7) この対応に対する問題の1つは，どの変数を除外変数として選択するかによって，その後の推定結果が大きく変わる可能性があることである。レセプトデータから利用できる情報は極めて制約的であるが，その中で個人レベルでのマッチングを試みているので，本分析での除外変数の候補となる変数が少ない。そうした中で，本分析では，保険者ダミー群，季節ダミー群，およびタイムトレンドを除外変数として同様の分析を試みた。それぞれの推定結果に大きな違いはなかったが，ここでは，モデルの当てはまり具合を示す擬似決定係数と対数尤度がもっとも大きな値をとったタイムトレンドを除外変数とする推定結果を報告している。

ットモデルで推定する。すなわち，

$$y_{1,it} = \begin{cases} 0 & if \quad y^*_{1,it} \leq 0 \\ 1 & if \quad y^*_{1,it} > 0 \end{cases}$$

$$y_{2,it} = \begin{cases} 0 & if \quad y^*_{2,it} \leq \mu_0 \\ j & if \quad \mu_{j-1} < y^*_{2,it} \leq \mu_j \quad for\ j = 1, 2, 3 \\ 4 & if \quad \mu_3 < y^*_{2,it} \end{cases}$$

である．ただし，$y_{1,it}$ は，個人 i の t 時点における要介護度が，自立・旧要支援・要支援1であれば0，要支援2および要介護1〜5であれば1をとる2値変数である．また $y_{2,it}$ は，個人 i の t 時点における要介護度が，自立・旧要支援・要支援1であれば0，要支援2であれば1，要介護1であれば2，要介護2であれば3，要介護3〜5であれば4をとる順序変数である[8]．したがって，もし介護予防給付の導入が，要支援者の要介護状態の改善や維持に効果があるのであれば，その係数 α_1 はそれぞれ負で有意に推定されるはずである．また，誤差項はそれぞれ標準正規分布にしたがい，説明変数で条件づけた期待値は0，分散は1であると仮定する．

また，介護給付と同様に予防給付にもさまざまなサービスが存在する．本章では，介護予防サービスの中で，特にどのサービス群の利用が要介護状態の維持・改善に効果的であるのかを検証するために，下記の (5-5)・(5-6) 式の推定も試みる．

$$\begin{aligned} y^*_{it} = &\delta_1 \cdot p_{1,it-1} + \delta_2 \cdot p_{2,it-1} + \delta_3 \cdot p_{3,it-1} + \delta_4 \cdot p_{4,it-1} + \delta_5 \cdot p_{5,it-1} \\ &+ \alpha_2 \cdot reform_t + \mathbf{x}'_{1it}\beta + u_{it} \end{aligned} \quad (5\text{-}5)$$

$$\begin{aligned} y^*_{it} = &\delta_1 \cdot p_{1,it-1} + \delta_2 \cdot p_{2,it-1} + \delta_3 \cdot p_{3,it-1} + \delta_4 \cdot p_{4,it-1} + \delta_5 \cdot p_{5,it-1} \\ &+ \alpha_2 \cdot reform_t + \mathbf{x}'_{2it}\beta + u_{it} \end{aligned} \quad (5\text{-}6)$$

ただし，$p_{j,it-1}$ ($j=1$〜5) は，$t-1$ 時点において1円以上の各介護予防給付費（順に，訪問系介護予防サービス，介護予防通所介護，介護予防通所リハビ

---

[8] 表5-1の記述統計量で確認できるが，要介護度3以上のサンプルが全体に占める割合が小さいため，これらをひとまとめにしている．

リテーション，短期入所系介護予防サービス，その他の介護予防サービス[9]）が発生している個人に1をとるダミー変数である．もし介護予防サービス j の利用が，要支援者の要介護状態の改善や維持に効果があるのであれば，それに対応する係数 δ_j は負で有意に推定されるはずである[10]．

なお，本章では，月次のパネルデータを用いているが，説明変数の多くが時間を通じてほとんど変動がない変数であるため，固定効果モデルではなく，プールされたモデルで推定を行う．ただし，個人効果を考慮するために，標準誤差は同一個人間の誤差項の相関を許す頑健な標準誤差（clustering robust standard error）を推定する．

実証分析に使用する主な変数の記述統計量と，グループ別の平均値の差の検定結果は，表5-1にまとめた通りである．要介護度をみると，予防給付グループの方が，要介護度が有意に低くなっている．また，予防給付グループで介護予防給付を受けているサンプルは35.6%存在している．全サンプルの平均年齢は75.1歳で，男性が33.8%を占めている．要介護認定を受けてからの経過月数の内訳は，0～6か月が最も多く，それ以降は次第に減少している．また，利用実績については，介護給付グループの累積介護費の平均が39万8170円であるのに対して，予防給付グループの累積介護費の平均は30万9318円と減少している．また，利用累計日数については，介護給付グループの平均が75.7日であるのに対して，予防給付グループの平均は28.1日と減少している．

5 推定結果

表5-2には，各サンプルの処置を受けた人々の平均処置効果（ATT, average treatment effect on the treated）がまとめられている．いずれの変数においても，全サンプルでは処置群（予防給付グループ）の要介護度の平均値は，対象群（介護給付グループ）の要介護度の平均値を有意に下回っている．しかしながら，MMCマッチングサンプルにおいては，いずれにおいても有意な差

---

9) 具体的なサービス区分は，表5-1の注に示している．
10) (5-2)・(5-4)式の推定と同様に，説明変数に各介護予防サービスダミーと要介護認定の経過月数の交差項を加えた定式化も推定する．

表 5-2　介護予防給付の効果

要介護度	マッチング方法	予防給付	介護給付	平均の差(ATT)	標準誤差	t値
2値変数	全サンプル	0.263	0.303	-0.039***	0.014	-2.74
	MMCマッチングサンプル	0.300	0.208	0.092	0.058	1.57
	LLRマッチングサンプル	0.263	0.264	-0.001	0.015	-0.07
順序変数	全サンプル	0.306	0.708	-0.403***	0.034	-11.87
	MMCマッチングサンプル	0.327	0.443	-0.116	0.105	-1.11
	LLRマッチングサンプル	0.306	0.621	-0.316***	0.029	-10.99

注：マッチングサンプルの標準誤差はブートストラップ法（50回）によって推計した。***は，1%有意水準で有意であることを示す．

は見受けられない．すなわち，予防給付の効果は限定的であると言える．

　表5-3Aにはプロビットモデルの推定結果，表5-3Bには順序プロビットモデルの推定結果がまとめられている．いずれも左側が全サンプルを用いた推定結果，右側がMMCマッチングサンプルを用いた推定結果である．

　予防給付ダミーの係数は，全サンプルを用いた分析ではプロビットモデルと順序プロビットモデルの双方において，いずれも負に有意に推定されているが，マッチングサンプルでは順序プロビットモデルのモデル1でのみ10%有意水準で負に有意であった．このことは全サンプルを用いた推定ではサンプルセレクションバイアスの影響を受けた結論が導かれているおそれがあることを示唆している[11]．しかし，予防給付をサービス別にみた場合には，マッチングサンプルでも有意な影響が観察されることがある．介護予防サービスダミーの係数は，全サンプルでは訪問系サービス，通所介護，その他のサービスが負で有意に推定されている．一方で，マッチングサンプルでは，訪問系サービス，通所介護，通所リハビリテーションの係数が負で有意に推定されている．その他の個人属性については，ほとんどのサンプル・モデルにおいて，年齢や性別は有意ではなかったが，経過月数ダミーが概ね正で有意に推定されている．また，予防給付ダミーと経過月数ダミーの交差項の一部と介護費累計額が，全サンプルでは有意に推定されているが，マッチングサンプルではプロビットモデルでの予防給付ダミーと経過月数ダミー（7～12か月）の交差項を除き有意ではなかった．

---

[11] この他には，全サンプルに比べてマッチングサンプルの観測値数が小さいことも，こうした違いの一因である可能性も考えられる．

表 5-3 介護予防給付が要介護度に与える影響

A：プロビットモデルの推定結果

サンプル	全サンプル				MMCマッチングサンプル			
モデル	[1]	[2]	[3]	[4]	[1]	[2]	[3]	[4]
	係数/標準誤差	係数/標準誤差	係数/標準誤差	係数/標準誤差	係数/標準誤差	係数/標準誤差	係数/標準誤差	係数/標準誤差
予防給付ダミー	-0.763*** (0.198)	-0.648*** (0.191)			-0.388 (0.361)	-0.678 (0.509)		
予防給付ダミー：訪問系サービス			-0.440 (0.290)	-0.483* (0.275)			-1.279*** (0.470)	-1.687*** (0.580)
予防給付ダミー：通所介護			-0.849*** (0.321)	-0.948*** (0.314)			-1.696*** (0.473)	-2.252*** (0.560)
予防給付ダミー：通所リハビリテーション			-0.390 (0.549)	-0.340 (0.502)			-1.550** (0.638)	-2.154*** (0.735)
予防給付ダミー：短期入所系サービス			0.983* (0.558)	0.840 (0.603)			1.080 (0.959)	0.956 (0.952)
予防給付ダミー：その他			-0.202 (0.295)	-0.167 (0.286)			0.833* (0.467)	0.699 (0.482)
介護保険制度改革ダミー	0.304 (0.351)	0.287 (0.353)	0.284 (0.352)	0.255 (0.355)	0.203 (0.304)	0.247 (0.306)	0.261 (0.314)	0.357 (0.328)
男性ダミー	0.054 (0.157)	0.049 (0.157)	0.064 (0.157)	0.063 (0.158)	-0.676 (0.906)	-0.660 (0.936)	-1.088 (0.696)	-1.192* (0.687)
年齢	0.034 (0.148)	0.034 (0.148)	0.039 (0.150)	0.040 (0.150)	0.481 (0.605)	0.470 (0.626)	0.765* (0.460)	0.835* (0.455)
年齢2乗/100	0.002 (0.094)	0.002 (0.095)	-0.001 (0.095)	-0.002 (0.096)				
経過月数ダミー：7～12か月	1.101*** (0.115)	1.037*** (0.117)	1.115*** (0.112)	1.023*** (0.121)	1.125*** (0.247)	0.822*** (0.242)	1.404*** (0.263)	0.986*** (0.282)
経過月数ダミー：13～18か月	1.104*** (0.158)	1.047*** (0.160)	1.094*** (0.157)	1.023*** (0.165)	0.962*** (0.347)	0.775** (0.387)	1.079*** (0.364)	0.920*** (0.415)

サンプル	全サンプル				MMCマッチングサンプル			
モデル	[1] 係数/標準誤差	[2] 係数/標準誤差	[3] 係数/標準誤差	[4] 係数/標準誤差	[1] 係数/標準誤差	[2] 係数/標準誤差	[3] 係数/標準誤差	[4] 係数/標準誤差
経過月数ダミー：19〜24か月	1.150*** (0.195)	1.205*** (0.194)	1.140*** (0.196)	1.174*** (0.199)	1.354*** (0.365)	1.695*** (0.398)	1.501*** (0.404)	1.953*** (0.418)
経過月数ダミー：25〜30か月	1.168*** (0.278)	1.295*** (0.279)	1.135*** (0.280)	1.261*** (0.284)	1.450** (0.690)	0.843 (0.637)	1.433** (0.690)	1.062 (0.756)
経過月数ダミー×予防給付ダミー：7〜12か月		0.097 (0.228)		0.302 (0.260)		0.551 (0.542)		1.124* (0.650)
経過月数ダミー×予防給付ダミー：13〜18か月		-0.026 (0.294)		0.106 (0.315)		0.205 (0.731)		0.418 (0.752)
経過月数ダミー×予防給付ダミー：19〜24か月		-0.601* (0.354)		-0.458 (0.363)		-1.027 (0.704)		-1.047 (0.804)
経過月数ダミー×予防給付ダミー：25〜30か月		-1.259* (0.692)		-1.253* (0.697)		0.818 (1.078)		0.521 (1.075)
介護費累計額（前月時点）	0.151*** (0.031)	0.170*** (0.035)	0.163*** (0.032)	0.183*** (0.037)	0.074 (0.085)	0.088 (0.091)	0.101 (0.091)	0.113 (0.096)
介護費累計額（前月時点，2乗）	-0.001*** (0.000)	-0.001*** (0.000)	-0.001*** (0.000)	-0.002*** (0.000)	0.001 (0.002)	0.001 (0.003)	0.001 (0.002)	0.004 (0.006)
介護サービス利用累計日数（前月時点）	0.132 (0.205)	0.081 (0.204)	0.104 (0.209)	0.050 (0.211)	0.505 (0.645)	0.698 (0.707)	0.790 (0.782)	0.926 (0.865)
介護サービス利用累計日数（前月時点，2乗）	-0.030 (0.030)	-0.028 (0.030)	-0.029 (0.031)	-0.026 (0.031)	-0.109 (0.108)	-0.133 (0.125)	-0.179 (0.121)	-0.196 (0.143)
トレンド	-0.024 (0.101)	-0.021 (0.101)	-0.015 (0.102)	-0.009 (0.102)				
定数項	-4.619 (5.789)	-4.616 (5.811)	-4.878 (5.862)	-4.912 (5.886)	20.936 (33.468)	20.392 (34.531)	35.383 (25.876)	39.096 (25.507)
観測値数	6,257	6,257	6,257	6,257	733	733	733	733
個人数	404	404	404	404	109	109	109	109

		全サンプル				MMC マッチングサンプル			
		[1]	[2]	[3]	[4]	[1]	[2]	[3]	[4]
		係数/標準誤差	係数/標準誤差	係数/標準誤差	係数/標準誤差	係数/標準誤差	係数/標準誤差	係数/標準誤差	係数/標準誤差
対数尤度		-2,521.993	-2,493.803	-2,493.009	-2,459.689	-301.151	-290.260	-276.201	-260.110
擬似決定係数		0.337	0.345	0.345	0.354	0.310	0.335	0.367	0.404
Wald 統計量 (H_0: 全係数=0)		307.57***	312.15***	325.91***	335.34***	136.88***	141.44***	212.01***	346.14***
Wald 統計量 (H_0: 地域効果=0)		58.71***	53.44***	55.34***	50.60***	11.66	12.76*	15.66**	17.52**
Wald 統計量 (H_0: 季節効果=0)		14.53	12.52	13.71	11.62	9.52	14.62	12.14	20.27**

注:上段は係数推定値,下段の括弧内は同一個人間の誤差項の相関を許す頑健な標準誤差を示す.***は1%有意水準,**は5%有意水準,*は10%有意水準でそれぞれ有意であることを示す.この他に,季節ダミー変数群,保険者ダミー変数群(全サンプルのみ)が各推定式に含まれている.

B:順序プロビットモデルの推定結果

サンプル	全サンプル				MMC マッチングサンプル			
モデル	[1]	[2]	[3]	[4]	[1]	[2]	[3]	[4]
	係数/標準誤差	係数/標準誤差	係数/標準誤差	係数/標準誤差	係数/標準誤差	係数/標準誤差	係数/標準誤差	係数/標準誤差
予防給付ダミー	-0.929***	-0.615***			-0.492*	-0.546		
	(0.149)	(0.209)			(0.298)	(0.569)		
予防給付ダミー:訪問系サービス			-0.162	-0.149			-0.846**	-1.015**
			(0.217)	(0.199)			(0.407)	(0.472)
予防給付ダミー:通所介護			-0.473**	-0.507**			-1.080***	-1.305***
			(0.235)	(0.221)			(0.367)	(0.395)
予防給付ダミー:通所リハビリテーション			-0.368	-0.244			-1.339***	-1.461***
			(0.304)	(0.282)			(0.371)	(0.440)
予防給付ダミー:短期入所系サービス			0.738	0.633			0.803	0.734
			(0.649)	(0.666)			(0.853)	(0.873)
予防給付ダミー:その他			-0.655***	-0.439*			0.265	0.165
			(0.239)	(0.255)			(0.409)	(0.490)
介護保険制度改革ダミー	0.132	0.115	0.107	0.087				
	(0.294)	(0.295)	(0.295)	(0.297)				
男性ダミー	0.076	0.072	0.078	0.077	0.326	0.353	0.346	0.392
	(0.131)	(0.130)	(0.132)	(0.131)	(0.296)	(0.288)	(0.295)	(0.289)
年齢	0.055	0.051	0.050	0.045	-0.798	-0.778	-1.105	-1.170
	(0.123)	(0.122)	(0.123)	(0.122)	(0.840)	(0.913)	(0.704)	(0.766)

サンプル	全サンプル				MMCマッチングサンプル			
モデル	[1]	[2]	[3]	[4]	[1]	[2]	[3]	[4]
	係数/標準誤差	係数/標準誤差	係数/標準誤差	係数/標準誤差	係数/標準誤差	係数/標準誤差	係数/標準誤差	係数/標準誤差
年齢2乗/100	−0.011 (0.078)	−0.009 (0.078)	−0.008 (0.078)	−0.005 (0.078)	0.567 (0.560)	0.554 (0.610)	0.773* (0.465)	0.818 (0.508)
経過月数ダミー：7〜12か月	1.060*** (0.116)	1.032*** (0.113)	1.069*** (0.112)	1.024*** (0.116)	0.956*** (0.264)	0.741*** (0.259)	1.072*** (0.251)	0.722*** (0.280)
経過月数ダミー：13〜18か月	1.039*** (0.153)	1.036*** (0.153)	1.036*** (0.150)	1.024*** (0.156)	0.887*** (0.333)	0.753* (0.413)	0.879*** (0.339)	0.744* (0.405)
経過月数ダミー：19〜24か月	1.063*** (0.190)	1.141*** (0.188)	1.063*** (0.188)	1.127*** (0.191)	1.354*** (0.358)	1.696*** (0.407)	1.399*** (0.357)	1.712*** (0.401)
経過月数ダミー：25〜30か月	1.074*** (0.259)	1.141*** (0.260)	1.069*** (0.257)	1.124*** (0.263)	1.529*** (0.554)	1.304** (0.545)	1.563*** (0.540)	1.286** (0.572)
経過月数ダミー×予防給付ダミー：7〜12か月		−0.107 (0.220)		0.027 (0.215)		0.318 (0.561)		0.703 (0.504)
経過月数ダミー×予防給付ダミー：13〜18か月		−0.275 (0.246)		−0.197 (0.239)		0.049 (0.721)		0.125 (0.621)
経過月数ダミー×予防給付ダミー：19〜24か月		−0.739*** (0.260)		−0.646** (0.262)		−1.014 (0.688)		−0.854 (0.620)
経過月数ダミー×予防給付ダミー：25〜30か月		−1.017** (0.474)		−0.940** (0.473)		0.011 (0.778)		0.171 (0.704)
介護費累計額（前月時点）	0.095*** (0.018)	0.104*** (0.018)	0.099*** (0.018)	0.107*** (0.019)	0.012 (0.070)	0.029 (0.072)	0.014 (0.072)	0.026 (0.082)
介護費累計額（前月時点，2乗）	−0.001*** (0.000)	−0.001*** (0.000)	−0.001*** (0.000)	−0.001*** (0.000)	0.000 (0.002)	0.000 (0.002)	0.000 (0.002)	0.000 (0.002)
介護サービス利用累計日数（前月時点）	0.123 (0.133)	0.089 (0.132)	0.110 (0.139)	0.081 (0.138)	0.479 (0.486)	0.646 (0.526)	0.865* (0.525)	1.112* (0.617)
介護サービス利用累計日数（前月時点，2乗）	−0.015 (0.017)	−0.012 (0.017)	−0.014 (0.018)	−0.012 (0.018)	−0.066 (0.090)	−0.092 (0.106)	−0.133 (0.091)	−0.171 (0.118)

トレンド	0.032	0.035	0.040	0.045				
	(0.086)	(0.086)	(0.087)	(0.087)				
定数項	5.322	5.157	5.145	4.951	−25.678	−24.834	−36.750	−39.108
	(4.765)	(4.749)	(4.769)	(4.758)	(31.109)	(33.705)	(26.263)	(28.485)
観測値数	6,297	6,297	6,297	6,297	741	741	741	741
個人数	406	406	406	406	115	115	115	115
対数尤度	−4,772.984	−4,750.569	−4,755.546	−4,733.239	−541.526	−531.254	−521.683	−508.312
擬似決定係数	0.217	0.221	0.220	0.224	0.194	0.209	0.224	0.244
Wald統計量 (H_0:全係数=0)	968.86***	936.88***	1,028.76***	984.41***	662.60***	552.91***	1,020.83***	1,372.36***
Wald統計量 (H_0:地域効果=0)	559.90***	514.24***	561.60***	512.85***	64.34***	53.81**	49.68***	50.66**
Wald統計量 (H_0:季節効果=0)	14.82	12.35	14.51	11.98	8.63	13.68	9.62	17.57*

注：表5-3A を参照。

表 5-4A〜表 5-4C は，介護予防給付に関連した説明変数の限界効果をまとめたものである．ここでは，マッチングサンプルの推定結果を中心にまとめていきたい．表 5-4A には，プロビットモデルによる推定結果の限界効果がまとめられている．上述のように，予防給付ダミーは有意ではないが，訪問系介護予防サービスと介護予防通所介護がマイナスで有意である．具体的には，他の条件を一定としたときに，訪問系介護予防サービスを利用している個人は，そうでない個人に比べて要支援 2 以上に悪化する確率が 25.3〜30.6% ポイント有意に低く，介護予防通所介護を利用している個人は，そうでない個人に比べて要支援 2 以上に悪化する確率が 28.5〜33.8% ポイント有意に低い．同様に，介護予防通所リハビリテーションを利用している個人は，そうでない個人に比べて要支援 2 以上に悪化する確率が 21.1〜23.4% ポイント有意に低くなっている．表 5-4B は，予防給付ダミーを含めた推定式を順序プロビットモデルで推定したモデルの限界効果をまとめたものである．順序プロビットモデルのモデル［1］でのみ，他の条件を一定とした際に，介護予防給付を受けている個人はそうでない個人に比べて要支援 1 にとどまる確率が 13.9% ポイント高いことが示されている．表 5-4C では，各サービスダミーを用いた推定式の限界効果をまとめている．いずれの定式化でも，介護予防訪問系サービス・介護予防通所介護・介護予防通所リハビリテーションが有意に推定されている．具体的には，他の条件を一定としたときに，訪問系サービスを利用している個人は，そうでない個人に比べて要支援 1 にとどまる確率が 22.9〜26.8% ポイント高く，要支援 2・要介護 1 に悪化する確率が，それぞれ 15.0〜18.4% ポイント，5.3% ポイント有意に低い．同様に介護予防通所介護については，要支援 1 にとどまる確率が 29.3〜34.5% ポイント高く，要支援 2・要介護 1 になる確率が，それぞれ 19.2〜23.7% ポイント，6.1〜6.9% ポイント有意に低く，介護予防通所リハビリテーションについては，要支援 1 にとどまる確率が 36.3〜38.6% ポイント高く，要支援 2・要介護 1 になる確率が，それぞれ 23.8〜26.5%，7.5〜7.7% ポイント有意に低い．

表 5-4　介護予防給付の限界効果

A：プロビットモデルの推定結果

サンプル	全サンプル				MMC マッチングサンプル			
モデル	[1]	[2]	[3]	[4]	[1]	[2]	[3]	[4]
予防給付ダミー	-0.188*** (0.041)	-0.167*** (0.042)			-0.113 (0.103)	-0.196 (0.144)		
予防給付ダミー：訪問系サービス			-0.113 (0.063)	-0.124* (0.059)			-0.253*** (0.066)	-0.306*** (0.078)
予防給付ダミー：通所介護			-0.186*** (0.048)	-0.202*** (0.044)			-0.285*** (0.059)	-0.338*** (0.071)
予防給付ダミー：通所リハビリテーション			-0.100 (0.117)	-0.090 (0.114)			-0.211** (0.044)	-0.234*** (0.051)
予防給付ダミー：短期入所系サービス			0.365* (0.217)	0.310 (0.239)			0.390 (0.373)	0.343 (0.376)
予防給付ダミー：その他			-0.058 (0.081)	-0.049 (0.080)			0.230* (0.130)	0.195 (0.139)
経過月数ダミー×予防給付ダミー：7～12か月		0.030 (0.074)		0.100 (0.092)		0.181 (0.195)		0.384* (0.240)
経過月数ダミー×予防給付ダミー：13～18か月		-0.008 (0.088)		0.033 (0.102)		0.063 (0.240)		0.132 (0.263)
経過月数ダミー×予防給付ダミー：19～24か月		-0.143* (0.064)		-0.116 (0.075)		-0.196 (0.082)		-0.186 (0.091)
経過月数ダミー×予防給付ダミー：25～30か月		-0.212* (0.048)		-0.210* (0.048)		0.293 (0.426)		0.172 (0.399)

注：上段は限界効果。下段の括弧内は同一個人間の誤差項の相関を許す頑健な標準誤差を示す。予防給付ダミーに関連する説明変数以外の変数の限界効果は省略している。その他の表記については表 5-3A を参照。

B：順序プロビットモデルの推定結果 (1)

限界効果		Prob (要支援1)	Prob (要支援2)	Prob (要介護1)	Prob (要介護2)	Prob (要介護3以上)
モデル [1]						
予防給付	全サンプル	0.276***	-0.073***	-0.156***	-0.036***	-0.011**
		(0.047)	(0.016)	(0.031)	(0.011)	(0.004)
	MMCマッチング サンプル	0.139*	-0.086	-0.031	-0.020	-0.003
		(0.084)	(0.053)	(0.024)	(0.015)	(0.002)
モデル [2]						
予防給付	全サンプル	0.184***	-0.049**	-0.105***	-0.024**	-0.007**
		(0.063)	(0.019)	(0.036)	(0.010)	(0.003)
	MMCマッチング サンプル	0.154	-0.098	-0.033	-0.020	-0.003
		(0.160)	(0.105)	(0.036)	(0.024)	(0.003)
経過月数ダミー ×予防給付ダミー：7〜12か月	全サンプル	0.032	-0.008	-0.018	-0.004	-0.001
		(0.066)	(0.017)	(0.038)	(0.009)	(0.003)
	MMCマッチング サンプル	-0.090	0.057	0.019	0.012	0.002
		(0.158)	(0.103)	(0.033)	(0.022)	(0.003)
経過月数ダミー ×予防給付ダミー：13〜18か月	全サンプル	0.082	-0.022	-0.047	-0.011	-0.003
		(0.074)	(0.019)	(0.043)	(0.010)	(0.003)
	MMCマッチング サンプル	-0.014	0.009	0.003	0.002	0.000
		(0.203)	(0.129)	(0.044)	(0.027)	(0.004)
経過月数ダミー ×予防給付ダミー：19〜24か月	全サンプル	0.222***	-0.058***	-0.126***	-0.029**	-0.008*
		(0.081)	(0.022)	(0.048)	(0.013)	(0.004)
	MMCマッチング サンプル	0.286	-0.181	-0.062	-0.037	-0.005
		(0.199)	(0.126)	(0.052)	(0.031)	(0.006)
経過月数ダミー ×予防給付ダミー：25〜30か月	全サンプル	0.305**	-0.080**	-0.173**	-0.040*	-0.012*
		(0.145)	(0.039)	(0.085)	(0.021)	(0.007)
	MMCマッチング サンプル	-0.003	0.002	0.001	0.000	0.000
		(0.219)	(0.139)	(0.048)	(0.029)	(0.004)

注：表記は，表5-4A を参照。

C：順序プロビットモデルの推定結果 (2)

推定方法		Prob(要支援1)	Prob(要支援2)	Prob(要介護1)	Prob(要介護2)	Prob(要介護3以上)
モデル [3]						
訪問系サービス	全サンプル	0.048 (0.064)	-0.013 (0.017)	-0.027 (0.036)	-0.006 (0.008)	-0.002 (0.002)
	MMCマッチングサンプル	0.229** (0.105)	-0.150** (0.070)	-0.048 (0.030)	-0.028 (0.019)	-0.003 (0.003)
通所介護	全サンプル	0.140** (0.069)	-0.037* (0.019)	-0.079** (0.040)	-0.018* (0.010)	-0.005 (0.003)
	MMCマッチングサンプル	0.293*** (0.102)	-0.192*** (0.071)	-0.061** (0.030)	-0.036 (0.023)	-0.004 (0.003)
通所リハビリテーション	全サンプル	0.109 (0.090)	-0.029 (0.024)	-0.061 (0.051)	-0.014 (0.012)	-0.004 (0.004)
	MMCマッチングサンプル	0.363*** (0.103)	-0.238*** (0.068)	-0.075** (0.037)	-0.045 (0.028)	-0.005 (0.004)
短期入所系サービス	全サンプル	-0.218 (0.193)	0.058 (0.051)	0.123 (0.110)	0.029 (0.026)	0.008 (0.008)
	MMCマッチングサンプル	-0.218 (0.232)	0.143 (0.147)	0.045 (0.054)	0.027 (0.034)	0.003 (0.004)
その他	全サンプル	0.194*** (0.072)	-0.052** (0.020)	-0.109*** (0.042)	-0.025** (0.012)	-0.007* (0.004)
	MMCマッチングサンプル	-0.072 (0.110)	0.047 (0.073)	0.015 (0.023)	0.009 (0.015)	0.001 (0.002)
モデル [4]						
訪問系サービス	全サンプル	0.045 (0.059)	-0.012 (0.016)	-0.025 (0.034)	-0.006 (0.008)	-0.002 (0.002)
	MMCマッチングサンプル	0.268** (0.117)	-0.184** (0.082)	-0.053* (0.032)	-0.028 (0.020)	-0.003 (0.002)
通所介護	全サンプル	0.151** (0.066)	-0.040** (0.018)	-0.086** (0.038)	-0.020** (0.009)	-0.006* (0.003)
	MMCマッチングサンプル	0.345***	-0.237***	-0.069**	-0.036	-0.003

推定方法	サンプル	Prob(要支援1)	Prob(要支援2)	Prob(要介護1)	Prob(要介護2)	Prob(要介護3以上)
通所リハビリテーション	全サンプル	0.073 (0.084)	-0.019 (0.022)	-0.041 (0.048)	-0.009 (0.011)	-0.003 (0.003)
	MMCマッチング	0.386*** (0.115)	-0.265*** (0.079)	-0.077** (0.038)	-0.041 (0.028)	-0.004 (0.003)
短期入所系サービス	全サンプル	-0.189 (0.199)	0.050 (0.052)	0.107 (0.114)	0.024 (0.027)	0.007 (0.008)
	MMCマッチング	-0.194 (0.231)	0.133 (0.154)	0.039 (0.051)	0.020 (0.029)	0.002 (0.003)
その他	全サンプル	0.131* (0.077)	-0.035 (0.021)	-0.074* (0.044)	-0.017 (0.011)	-0.005 (0.003)
	MMCマッチング	-0.044 (0.129)	0.030 (0.088)	0.009 (0.026)	0.005 (0.014)	0.000 (0.001)
経過月数ダミー×予防給付ダミー：7〜12か月	全サンプル	-0.008 (0.064)	0.002 (0.017)	0.005 (0.036)	0.001 (0.008)	0.000 (0.002)
	MMCマッチング	-0.186 (0.132)	0.128 (0.095)	0.037 (0.028)	0.020 (0.017)	0.002 (0.002)
経過月数ダミー×予防給付ダミー：13〜18か月	全サンプル	0.059 (0.072)	-0.016 (0.019)	-0.033 (0.041)	-0.008 (0.009)	-0.002 (0.003)
	MMCマッチング	-0.033 (0.164)	0.023 (0.113)	0.007 (0.032)	0.003 (0.018)	0.000 (0.002)
経過月数ダミー×予防給付ダミー：19〜24か月	全サンプル	0.193** (0.080)	-0.051** (0.022)	-0.109** (0.047)	-0.025** (0.012)	-0.007* (0.004)
	MMCマッチング	0.226 (0.171)	-0.155 (0.117)	-0.045 (0.039)	-0.024 (0.023)	-0.002 (0.002)
経過月数ダミー×予防給付ダミー：25〜30か月	全サンプル	0.281* (0.143)	-0.075* (0.040)	-0.159* (0.083)	-0.036* (0.020)	-0.010* (0.006)
	MMCマッチング	-0.045 (0.185)	0.031 (0.127)	0.009 (0.037)	0.005 (0.020)	0.000 (0.002)

注：表5-4A を参照。

6 おわりに

　本章では，2003年4月から2009年3月における福井県下全17市町の介護保険給付費のレセプトデータ等の個票パネルデータを用いて，2005年度の介護保険制度改革で導入された介護予防給付が，要支援者のその後の要介護状態にどのような影響を与えたのかを検証した．介護予防給付の導入前後において，初回の要介護認定時に（旧）要支援・要支援1の認定を受けた人々の経時的な要介護度の推移を比較したところ，予防給付グループの要支援者割合は，常に介護給付グループのそれを上回っている様子が確認された．加えて，サンプルセレクションバイアスに対処するためのマッチング推定や，マッチングサンプルを用いた計量経済分析を行った結果，他の条件を一定としたときに，訪問介護，通所介護および通所リハビリテーションの介護予防サービスを利用している個人の要介護度は，そうでない個人に比べて，要支援にとどまる確率が有意に高く，また，要支援2・要介護1に悪化する確率がそれぞれ有意に低いことが確認された．具体的には，他の条件を一定としたときに，訪問系サービスを利用している個人は，そうでない個人に比べて要支援1にとどまる確率が22.9～26.8%ポイント高く，要支援2・要介護1に悪化する確率が，それぞれ15.0～18.4%ポイント，5.3%ポイント有意に低い．同様に，介護予防通所介護については，要支援1にとどまる確率が29.3～34.5%ポイント高く，要支援2・要介護1になる確率が，それぞれ19.2～23.7%ポイント，6.1～6.9%ポイント有意に低く，介護予防通所リハビリテーションについては，要支援1にとどまる確率が36.3～38.6%ポイント高く，要支援2・要介護1になる確率が，それぞれ23.8～26.5%，7.5～7.7%ポイント有意に低い．ただし，こうした結果の違いは，対象となっている個人数が少ないことによる可能性も考えられるため，この結果には一定の留意が必要である．

　冒頭でも述べたように，現在，予防給付を含む軽度の要介護者に対するサービスや自己負担の引き上げ等が今後の検討課題として挙げられている．本章の分析は，介護予防給付の効果の面に焦点を当てたものであるが，こうした議論を検討するためには，それに関する費用面または費用対効果についてもあわせて検証すべきであろう．本章の分析の結果から明らかになったように，介護予

防サービスの一部には要介護度の維持・改善効果を有するものもあるため，これには一定の費用対効果は存在するものであると考えられる[12]．しかし，自己負担増等によって，認定者が介護予防サービスの利用を控えた場合，認定者の要介護状態が悪化し，それによって将来的により多額の介護費が発生する可能性がある．近い将来に検討されるであろう介護予防給付の今後のあり方については，そのような費用対効果や認定者の価格の変化に対する反応度を考慮に入れた厳密な検証に基づく評価が必要であると思われる．

最後に，本章の分析では，長期間にわたる個人レベルの月次パネルデータを用いているが，データの制約上，要介護認定者の詳細な心身の健康状態や生活習慣，世帯属性，所得の状況，および個人・地域レベルの環境変化が要介護度に与える影響を検証することができない．これらの要素も介護需要とは密接な関係にあると考えられるので，こうした変数を用いて詳細な分析を行うことは今後の重要な研究課題である．

[付記]

本章は2011年度日本経済学会秋季大会での報告論文に加筆修正を加えたものである．本章の旧稿に対して，井深陽子，菊池潤，岸田研作，小西（趙）萌，菅原琢磨，西村周三，野口晴子，藤井麻由の各氏，ならびに国立社会保障・人口問題研究所における研究会参加者から，大変貴重なコメントを頂戴した．記して感謝の意を表したい．

---

[12] こうした評価には，QOLの改善度も金銭評価するなどの厳密な評価が必要不可欠であるが，そのような分析は今後の重要な研究課題である．

第6章

特定健診・特定保健指導
「平均への回帰」への対処

1 はじめに

　特定健康診査・特定保健指導とは，40～74歳までの公的医療保険加入者全員を対象として，2008年度より始まった全国規模の新たな保健事業である．その最大の特徴は，メタボリックシンドロームにターゲットを絞った健診・指導を実施することにある．

　まず，特定健康診査（以下，特定健診）において，服薬歴，喫煙歴等が質問票で尋ねられ，主要な健診項目が検査される．この健診結果は「情報提供」として，1人1人の対象者に，その見方とともに通知される．次に，特定健診の結果をもとに，内臓脂肪蓄積の程度とリスク要因の数に基づいて，リスクの高さに応じて，レベル別（動機付け支援・積極的支援）の特定保健指導の対象者が選定される．

　このうち「動機付け支援」とは，生活習慣の改善を促す原則1回の支援が受けられるもので，医師，保健師，管理栄養士らの指導のもとに行動計画を作成し，生活習慣改善に取り組めるように，専門家が動機付けを行う．一方，「積極的支援」は，専門職による継続的できめ細やかな支援が複数回にわたって受けられるもので，同じく医師，保健師，管理栄養士らの指導のもとに行動計画を作成し，生活習慣改善に取り組めるように，専門家が3か月以上にわたって定期的・継続的な働きかけを行う．

　こうした特定健診・特定保健指導のもう1つの大きな特徴は，対象者が加入する保険者に一定の成果が求められ，目標達成度に応じた金銭的なインセンティブが付与されていることである．特定健診・特定保健指導は，すでに2008

年度から 2012 年度までの第 1 期が終了しているが，最終年の 2012 年度の特定健診の受診率，特定保健指導の実施率，メタボリックシンドローム該当者および予備群該当者の減少率等が保険者ごとに評価され，その目標達成度に応じて，2013 年度の後期高齢者支援金の加算・減算が実施される．その意味で，この特定健診・特定保健指導はこれまでの単なる保健事業，健康増進事業の延長ではなく，疾病管理 (disease management) 的な要素を含む，より戦略的な医療費適正化策であると考えられる．

このため，各保険者に対しては，国庫から事業運営費の 3 分の 1 にあたる多額の助成金が支給されている．2012 年に行われた厚生労働省版提言型政策仕分けによれば，2011 年度には，全国で約 215 億円の国費が投じられており，2008〜2011 年度までの 4 年間累計で約 756 億円に上る．また，保険者が負担している総事業費自体は，2011 年度で約 644 億円，2008〜2011 年度の 4 年間累計で約 2269 億円に達していると推計される（厚生労働省，2012）．問題は，これだけの総事業費，あるいは公費投入に見合う成果が，きちんと上がっているかどうかである．特に，医療経済学の観点からは，この事業の費用対効果が重要となる．

さて，すでに各保険者においては，特定健診・特定保健指導の評価報告書を数多く公表しているところであるが，事業の費用対効果どころか，効果の測定においてすら，厳密な統計的手法を用いた評価は，ほとんど実施されていないのが現状である（例えば，東京都保険者協議会，2010; 全国労働衛生団体連合会，2011; 健康保険組合連合会，2012）．

厳密な効果測定が難しい最大の理由は，特定健診・特定保健指導の実施前後で健康指標を比較すると，その効果の中に「平均への回帰 (regression to the mean)」効果が含まれてしまうことにあるとされる（厚生労働省，2007; 東京都保険者協議会，2010）．例えば，特定保健指導の場合，腹囲や BMI（肥満度を表すボディマス指数）等の特定の検査値について，一定以上の高位値をとる対象者を選定して施策（処置）を実施することになる．これをスクリーニングと呼ぶが，このような処置前の指標値によるスクリーニングが行われる場合，平均への回帰によって，施策実施後の指標値は，施策自体に特段の効果がなくとも，平均値に近づくことが知られている．つまり，平均への回帰による指標

値の変化が,誤って施策の効果(処置効果)とみなされてしまう可能性がある.

この「平均への回帰問題」に対処するため,最近取りまとめられた厚生労働省「保険者による健診・保健指導等に関する検討会」の報告書(厚生労働省, 2014a)では,特定保健指導を終了した者を「処置群(介入群)」,特定保健指導の対象となりながら一度も指導を受けない者や途中で脱落した者を「対照群」とした比較分析を行っている[1].その主な結果は,積極的支援・動機付け支援とも,全ての性別・年齢階級において,腹囲・BMI を減少させる効果が有意に認められるというものである.この研究は,2008 年度から 2011 年度までの全国のレセプト情報・特定健診等情報データベース(NDB, National Data Base)を利用し,年間 200 万人前後のサンプルを使った大規模かつ代表性の高い調査と評価できる.しかし,特定保健指導を利用するかどうかについては本人の意思が介在する partial compliance が発生するため,この研究の処置群と対照群の割り当て変数が内生変数となってしまい,推定にバイアスをもたらすという問題がある.また,対照群の設定にも,同質性という観点から問題が少なくない.さらに,分析されているのは,あくまで特定保健指導終了の効果であり,対象選定・通知の効果や,中断者も含んだ特定保健指導の利用自体の効果等,事業全体の評価になっていない点にも注意が必要である.

そこで本章は,特定保健指導利用の partial compliance の問題や,そもそもの「平均への回帰」に対処するために,近年,医療経済学の分野でも頻繁に用いられるようになってきた「プログラム評価の計量経済学」のアプローチを用いて,特定健診・特定保健指導の効果測定を行うことにする.具体的には,福井県における全市町国民健康保険(国保)の特定健診受診者(2008〜2010 年度)のデータを用いて,処置前値をコントロールした固定効果モデル(FE),マッチング法,差の差の推定(DID, difference-in-differences)法といった手法で分析を行った.

なお,厚生労働省(2014a)では分析対象の指標として,腹囲,BMI 以外にも血糖値や血圧,脂質等の検査値を用いている.本章は,特定健診・特定保健

---

1) この NDB を用いた大規模な研究に先立ち,厚生労働科学研究費を用いたいくつかの研究でも効果測定が試みられており(例えば,岡山,2010;津下,2012),その主要な結果は,厚生労働省(2011b)にまとめられている.

指導が，腹囲と BMI の2つの身体的指標に特に重きを置いたスクリーニングを行っていることを鑑み，この2つの指標を対象にした分析を行った．

2 データ

本章が用いるデータは，県下全17市町の国保加入者における特定健診・特定保健指導の個票データである．詳細は序章に説明した通りである．本章の研究実施時点において，2008年度から2010年度までの3年間のデータが利用可能であった．

特定保健指導の各支援の分類や対象の選定は，図6-1のような手順に沿って行われる．まず，最初のステップとして，腹囲と BMI によって内臓脂肪蓄積リスクが判定される．腹囲の基準値は男性の場合85 cm 以上，女性の場合90 cm 以上であるが，腹囲が基準値未満の場合でも，BMI が25以上の場合にはリスク群と分類される．初年度である2008年度において，この腹囲と BMI のみで判定された第1ステップのリスク群を，本章では「基準超者」と定義し，最も広義の分析対象とする．

次に，この基準超者のうち，図6-1の①から④の検査値基準に該当する数を数え上げ，その個数に応じて，積極的支援か，動機付け支援か，それとも情報提供のみかが分類される．本章は，この段階で，積極的支援に分類される者を「積極的支援分類者」，動機付け支援に分類される者を「動機付け支援分類者」と呼ぶことにする．前者は概ねメタボリックシンドローム基準該当者であり，後者は概ねその予備群該当者であると言える．「概ね」と付くのは，正確なメタボリックシンドローム基準該当者，予備軍該当者とは若干定義が異なるからである[2]．

この積極的支援分類者，動機付け支援分類者の中から，「積極的支援対象者」，「動機付け支援対象者」がそれぞれ選定される．まず，各分類者のうち，血糖，

---

2) メタボリックシンドローム基準該当者，予備群の基準は，腹囲（男性85 cm 以上，女性90 cm 以上）の基準に加えて，①血糖，②脂質，③血圧の追加リスクの数で決まる．追加リスクが2つ該当する場合に基準該当者，1つ該当する場合に予備群該当者となる．特定健康指導の支援分類とは，血糖の基準がやや異なる点（メタボでは空腹時血糖110 mg/dl 以上）と，BMI による追加基準がない点等が異なる．

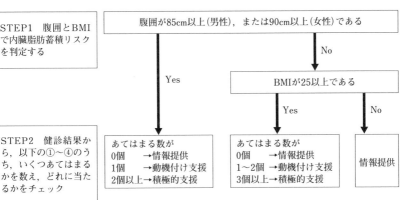

図 6-1 特定保健指導における各支援の分類・対象化
注：服薬中の場合は特定保健指導の対象とされない．
　　65歳以上75歳未満は，積極的支援の対象となっても動機付け支援となる．
出所：古井（2009）のp.74の図を参考に筆者作成．

脂質，血圧のいずれかについて服薬治療中である者は，各支援の対象者から外される．また，65歳以上75歳未満の年齢の場合には，たとえ積極的支援に分類される者であっても，動機付け支援の対象者にとどめられる．この点を概念図で示したものが，図6-2である．ここで，基準超者のうち，各支援に分類されない者や，服薬治療によって各支援の対象外となった者については，次節からの分析で，適宜，対照群として利用することになる．

　以下，本章の分析は，特定保健指導の「対象者」や「利用者」になることが，その後の腹囲やBMI等をどう変化させたか，という観点から行われる．このうち，利用者の定義についてはやや留意が必要である．厚生労働省（2014a）が用いているNDBでは，特定保健指導の終了者（6か月評価を終了）が把握可能であるが，本章が用いるデータでは終了者を特定できない．その代わりに，中断者も含めた各支援別の利用者が特定できるので，本章の「利用者」とは「各支援の利用を開始した者」と定義される．

　ところで，特定保健指導の「利用者」に比べ，「対象者」を分析することの

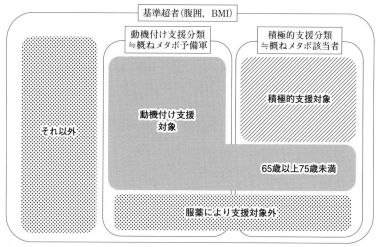

図 6-2　各支援の分類および対象者の概念図
出所：筆者作成.

意義はややわかりにくいかもしれない．対象者とは要するに，利用者と非利用者が混在する概念であり，特に非利用者を評価対象に含めることの必要性がわかりにくいと思われる．

しかしながら，第1に，非利用者とは言え，ひとたび支援対象者に選定され，メタボリックシンドロームもしくはその予備群であることが「通知」されたのであるから，その情報提供効果，心理的効果が存在する可能性は十分にある．

第2に，特定保健指導を利用するかどうかという選択は，本人の意思次第であり，政策当局の意図の及ばない側面がある．4節で詳しく述べるように，この本人の意思次第という性質があるために，利用者の分析は統計的な扱いが難しく，対象者を評価することの方が，より信頼性の高い効果測定が可能となる．

第3に，本人次第の利用者に比べ，対象者を選定すること（もしくは選定の基準値を決めること）は，政策当局が完全にコントロールできる政策変数である．その意味で，政策当局の施策の是非や今後の改善点を考えるための政策評価としては，政策変数である対象者を分析することの意義も大きい．以上の理由から，本章では，利用者だけではなく対象者も重要な分析対象としている．

3 グラフによる単純比較

　それではまず，特定健診を3年間継続して受診した者について，腹囲およびBMIの推移を確認してみよう．図6-3は，初年度の2008年度において，積極的支援もしくは動機付け支援の対象となった者と，それ以外の者の腹囲（上段）およびBMI（下段）の推移を比較したグラフである．左側が水準値で，右側が変化率（対数前期差）となっている．対数前期差は，前年の受診月から

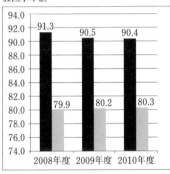
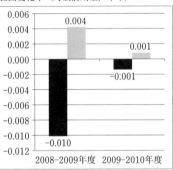
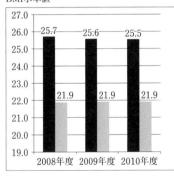
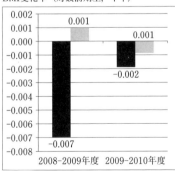

図6-3　腹囲およびBMIの推移1（積極的支援＋動機付け支援対象者と，それ以外の者の比較）

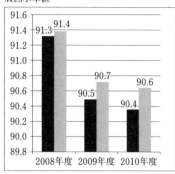
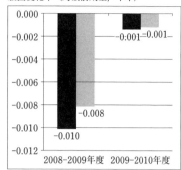
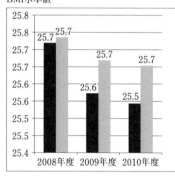
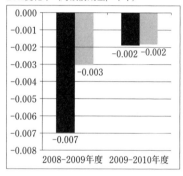

図 6-4 腹囲および BMI の推移 2（積極的支援＋動機付け支援対象者と，基準超者でそれ以外の者の比較）

当年の受診月の間隔が，個人によってさまざまであるため，前年受診月から当年受診月の経過月数で除し，12 を乗ずることによって年率換算を行った．

図 6-3 をみると，支援対象者の方が，それ以外の者に比べて，腹囲，BMI ともに減少率が顕著に高いことがわかる．もっとも，このような単純な比較をもって，特定保健指導の効果が存在すると安易に結論することはできない．その理由は，第 1 に，支援対象者とそれ以外の者では腹囲や BMI のスタート時点の水準がそもそも大きく異なり，対照群として適切ではないからである．第

2に,支援対象者はそもそも腹囲やBMIの水準値が高い者が選ばれているので,既述のように,その後の減少には平均への回帰効果が含まれている可能性が高い.そこで,図6-4は,対照群を「基準超者のうち支援対象となっていない者」に変えて,図6-3と同様のグラフを作成したものである.この場合には,どちらのグループも腹囲およびBMIは減少しており,両者にそれほど大きな差異はみられない.

4 分析手法

4.1 処置前値のコントロール

ある施策の処置(treatment)前後の効果を測定する際,スクリーニングにともなう「平均への回帰」効果をどのように調整すべきかという点については,以前から統計学や計量経済学の分野で,数多くの手法が提案されている.このうち疫学や薬学等の医療関係の分野では,一般的に共分散分析(ANCOVA, analysis of covariance)による調整が行われることが多いが,これは,処置前値を共変量とするANCOVAが,平均への回帰効果を調整する方法として,古くから推奨されているからである(例えば,Cochran, 1957; Cox and McCullagh, 1982; Stigler, 1997).

この手法は,経済学の分野でなじみ深い回帰分析に即して言えば,被説明変数として処置前後の指標値の変化量をとり,説明変数として指標値の処置前値と,処置対象の割り当て変数(ダミー変数)をとって,パネル推定を行うことに対応する(岩崎, 2002).そこで,本章ではまず,基準超者サンプルを用いて,次式を推定することにした.

$$\Delta \ln Y_{i,t} = \alpha_i + \beta Z_{i,t-1} + \gamma \ln Y_{i,t-1} + \sum_j \delta_j X_{i,j,t-1} + u_{i,t} \qquad (6\text{-}1)$$

i は個人を,t は時点を,j は異なる変数をそれぞれ表す.ここで,被説明変数 $\Delta \ln Y_{i,t}$($\ln Y_{i,t} - \ln Y_{i,t-1}$)は,腹囲もしくはBMIの対数前期差であり,既述のように年率換算を行っている.$\ln Y_{i,t-1}$ は腹囲もしくはBMIの対数値であり,これが指標値の処置前値である.一方,$Z_{i,t-1}$ は割り当て変数であり,特定保健指導の対象(処置群)の場合に1,それ以外(対照群)の場合に0を

とるダミー変数である．$X_{i,j,t-1}$ は年齢等属性変数である．定数項 α_i は同じ個人についての個別効果であり，それが期間内で一定と仮定する固定効果モデル（FE, fixed effect model）を用いて推定する．$u_{i,t}$ は通常の性質を満たす誤差項である．

4.2　割り当てに対する内生性問題とその対応

特定保健指導の対象者は，腹囲・BMI や他の検査値から制度上，外生的に決定されるため，(6-1) 式の割り当て変数 $Z_{i,t-1}$ と誤差項 $u_{i,t}$ は，下記の CMIA (Conditional Mean Independence Assumption) を満たすと考えられる[3]．

$$E(u_{i,t} \mid Z_{i,t-1}, X_{i,j,t-1}) = \lambda_0 + \sum_j \lambda_j X_{i,j,t-1} \tag{6-2}$$

CMIA とは要するに，処置以外の要因 $X_{i,j,t-1}$ をコントロールした上で $u_{i,t}$ が $Z_{i,t-1}$ と相関していないということである．この時，処置効果（treatment effect）は，

$$\begin{aligned}&E(\Delta \ln Y_i \mid Z_{i,t-1}=1, X_{i,j,t-1}) \\ &-E(\Delta \ln Y_i \mid Z_{i,t-1}=0, X_{i,j,t-1}) = \beta\end{aligned} \tag{6-3}$$

となり，パネル推定を用いてバイアスなく推定される．逆に言えば，CMIA が満たされない場合には，処置効果 β はバイアスをもってしまうことになる．例えば，(6-1) 式で用いた割り当て変数 $Z_{i,t-1}$（特定保健指導の対象か否か）の代わりに，特定保健指導の利用の有無を表す $D_{i,t-1}$ という割り当て変数を用いることを考えよう．

この場合，特定保健指導を利用しようと考えた者とそうでない者との間に，やる気や健康知識等の差があると考えられる．しかし，やる気や健康知識といった変数はそもそも観測不能であり，$u_{i,t}$ の中に含まれているはずであるから，当然，$u_{i,t}$ と $D_{i,t-1}$ が相関することになり，処置効果 β はバイアスをもってしまう．

この問題は，内生性問題（endogeneity problem）として知られている．内

---

[3]　(6-2)，(6-3) 式は処置前値を式から除いて，単純化した記述を行っている．

生性問題は，無作為に対象者を割り当てた場合においても，実際にその処置（施策）を受けるかどうかに関して本人の意思が入る余地がある場合に（これを partial compliance と呼ぶ），典型的に生じてしまう．このような内生性問題に対する代表的な対処法は，操作変数法（IV, instrumental variable）を用いることである．すなわち，$X_{i,t-1}$ と相関し，$E(u_{i,t} | I_{i,t-1})=0$ となる操作変数 $I_{i,t-1}$ を見つけ，それを用いて推定することにより，バイアスのない推定値を得ることが可能となる．ところが，このような性質を満たす理想的な操作変数を見つけることは一般的には至難の業である．たとえ理論的に望ましい操作変数が見つけられたとしても，実際に内生的な割り当て変数との相関が小さい場合には，弱い操作変数（weak instruments）の問題として，最小二乗法（OLS）よりもかえってバイアスが大きくなることがある．

ところで，パネルデータを用いている場合には，partial compliance による内生性問題へのもう1つの対処方法として，固定効果モデルを使うことが考えられる（(6-4) 式）．この発想方法は単純であり，誤差項 $u_{i,t}$ の中にやる気や健康知識といった観察不能な変数が含まれており，それが時間を通じて一定と仮定できるのであれば，個人別の固定効果をとって推定することにより，キャンセルアウト（除去）してしまおうというものである．この場合，個人別の観察不能な変数は α_i の中に含まれて推定されているので，割り当て変数 $D_{i,t-1}$ に partial compliance の問題があったとしても，$u_{i,t}$ と相関することはなく，したがって処置効果 β にバイアスは生じない．また，観察不能な変数が時間を通じて一定という仮定も，本章の場合には2時点のパネルデータであるので妥当性が高いと思われる．

$$\Delta \ln Y_{i,t} = \alpha_i + \beta D_{i,t-1} + \gamma \ln Y_{i,t-1} + \sum_j \delta_j X_{i,j,t-1} + u_{i,t} \qquad (6\text{-}4)$$

4.3 マッチング法[4]

平均への回帰効果を取り除き，処置群と対照群の差から純粋な処置効果を測定するためのもう1つの手法は，処置群と対照群について共変量のサンプル特

---

4) マッチング法に関する詳しい説明は，本書の補論にある．

性を近づけることである.本研究の場合,処置群と対照群の間に,身体計測値や検査値の取り方についての系統的違いは存在しない.処置群と対照群の観測値数が十分に大きく,観測値数も両者でそろえた上で,処置前値の平均や標準偏差等の分布特性が同一であり,それ以外の共変量も同一であるとすれば,両者の間に平均への回帰効果の差異が生じる合理的理由は存在しない.つまり,このように理想的な状況下では,処置群と対照群の差に対し,平均への回帰効果は影響を及ぼさないと考えられる.

さて,このようにサンプル特性を近づける方法としては,マッチング(matching)法と呼ばれる一連の手法が有効である.理想的には,処置群と対照群で共変量が同じ値となる対象者のペアを作って比較を行えればよいが,実際上,それは困難であり,下記に示すようにいくつかの現実的な対処方法が考えられる.

第1の方法は,マハラノビスマッチングである(Rubin, 1980).これは,処置群と対照群の共変量がなるべく類似した(距離が近い)対象者をペアにする手法の1つである.

本章の分析では,対照群(基準超者のうち支援対象ではない者)の方が,処置群(積極的支援対象者+動機付け支援対象者)よりも観測値数が少ないため,通常のマッチングとは異なり,対照群の共変量に合わせて,処置群をマッチングさせる方法をとった.したがって,ここで計測されているのは,正確には対照群における平均処置効果である.具体的に,マッチングに用いる共変量としては,処置前値(前期の対数腹囲,前期の対数BMI)のほか,性別,年齢,年ダミーを用いた.

ただし,この手法では,共変量の数が多くなると,完全に一致するペアを見つけることは困難であり,ペア間の距離が大きくなってしまうという問題が生じる(次元の呪い:curse of dimensionality).また,共変量にダミー変数等のカテゴリカル変数が用いられている場合には,サンプルサイズを大きくしたとしてもバイアスが残ることが知られている(Abadie and Imbens, 2006).これらの問題を回避する方法の1つとして,傾向スコア(PS, propensity score)によるマッチングがある.

傾向スコアを用いることにより,複数の共変量を1つの変数に集約してマッ

チングさせることができるため，次元の呪いを回避し，マハラノビスマッチングよりも多くの共変量を用いることができる．一方で，各共変量の情報が1つの傾向スコアに集約されてしまうため，それを用いた傾向スコアマッチングが，マハラノビスマッチングよりも精度が高くなるかどうかについては一般には定かではない．そのため本章では，①マハラノビスマッチングのほか，②検査値等のデータ等を加え，より多くの共変量を用いた傾向スコアマッチングの2つのマッチングを行い，結果を比較することにした[5]．

　ちなみに，マッチング法による共変量調整によって割り当ての有無による因果効果の推定が可能となるためには，「強く無視できる割り当て（strongly ignorable treatment assignment）条件」が満たされる必要がある．これは，「割り当てがあくまで共変量のみに依存し，結果変数に依存しない」ということであり，言い換えれば，「観察不可能な変数（隠れた共変量）が，割り当て変数に影響していない」という仮定である．したがって，やる気や健康知識等が影響している「特定保健指導の利用」については，マッチングを用いることは不適当である可能性があるため，本章では特定保健指導の対象についてのみ分析を行うことにする．

4.4　差の差の推定（DID）法[6]

　同じ特定保健指導における支援でも，動機付け支援と積極的支援の間には，内容はもちろん，費用や保険者からの補助金額に相当の差がある．医療経済学の観点からは，費用や公費投入額の差に見合う効果の差が，実際に存在するのかどうかが関心事となる．

　特定保健指導において，注目すべき興味深い制度は，図6-1の階層化・選定作業において，積極的支援に分類される者であったとしても，65歳以上の年齢の場合には，動機付け支援の対象となる点である（図6-2）．この外生的な措置を一種の自然実験（natural experiment）と捉え，やや変則的ではあるが差の差の推定法を用いることで，積極的支援と動機付け支援の効果の差異を測

---

5)　マハラノビスマッチング，傾向スコアマッチングともに，1対1マッチングであり，最近傍マッチング（nearest neighbor matching）を行った．
6)　DID法についての詳しい説明は，本書の補論にある．

定することができる.

具体的には,下記の (6-5) 式を推定する.

$$\Delta \ln Y_{i,t} = \alpha + \beta Z_{i,t-1} + \gamma A_{i,t-1} \times Z_{i,t-1} + \delta A_{i,t-1} + \theta \ln Y_{i,t-1} \\ + \sum_j \eta_j X_{i,j,t-1} + u_{i,t}$$
(6-5)

ここで,推定の対象は特定保健指導の対象とされたサンプルに限る.被説明変数 $\Delta \ln Y_{i,t}$ は,腹囲もしくは BMI の対数前期差(年率換算)である.一方,$Z_{i,t-1}$ は割り当て変数であり,今回は積極的支援分類者(処置群)の場合に 1,動機付け支援分類者(対照群)の場合に 0 をとるダミー変数である.$A_{i,t-1}$ は 64 歳以下の場合に 1,65 歳以上の場合に 0 となる年齢カテゴリーのダミー変数であり,両者の交差項が実際の積極的支援の対象者を意味することから,その係数 γ が積極的支援と動機付け支援の純粋な効果の差を示すことになる.通常,DID 法では自然実験が行われた後の時点を 1,前の時点を 0 とする時点ダミーが用いられることが一般的であるが,本分析では時点ダミーの代わりに年齢ダミーが使われている点が変則的である.

その他の説明変数としては,処置前値 $\ln Y_{i,t-1}$(腹囲もしくは BMI の対数値)と,属性変数 $X_{i,j,t-1}$ があり,$X_{i,j,t-1}$ には年齢,年齢 2 乗が含まれている.処置群と対照群には当然,肥満度の差が存在しているが,その差が被説明変数 $\Delta \ln Y_{i,t}$ に影響しないように処置前値をコントロールしている.また,64 歳以下と 65 歳以上の間で年齢の違いがあるが,その年齢の違いがやはり被説明変数に影響しないように,属性変数の年齢,年齢 2 乗を使って,年齢効果をコントロールしているのである.こうした処置前値や年齢変数による処理が適切であるかどうかについては,次節で検証作業を行う.$u_{i,t}$ は誤差項である.

5　分析結果

5.1　処置前値のコントロール

2008 年度時点に基準超者であったサンプルを用いて,前節の (6-1) 式を推定する.推定に用いる主な変数の記述統計は表 6-1 の通りである.

まず,腹囲についての推定結果が表 6-2 に示されている.推定 (1) は比較

表6-1 記述統計量 (1)

	平均	標準偏差	最小値	最大値
対数腹囲前期差	-0.008	0.047	-0.400	0.307
対数BMI前期差	-0.005	0.038	-0.406	1.083
性別	0.569	0.495	0	1
年齢	65.5	6.9	41	74
年齢2乗	4,343.1	841.9	1,681	5,476
対数腹囲(前期)	4.513	0.062	4.220	4.918
対数腹囲2乗(前期)	20.369	0.559	17.804	24.185
対数BMI(前期)	3.243	0.090	2.771	3.843
対数BMI2乗(前期)	10.528	0.589	7.680	14.768
動機付け+積極的支援対象(前期)	0.650	0.477	0	1
積極的支援対象(前期)	0.145	0.352	0	1
動機付け+積極的支援利用(前期)	0.154	0.361	0	1
積極的支援利用(前期)	0.034	0.181	0	1
保険者1	0.240	0.427	0	1
保険者2	0.031	0.173	0	1
保険者3	0.042	0.200	0	1
保険者4	0.082	0.274	0	1
保険者5	0.040	0.197	0	1
保険者6	0.082	0.275	0	1
保険者7	0.031	0.173	0	1
保険者8	0.105	0.307	0	1
保険者9	0.117	0.321	0	1
保険者10	0.031	0.173	0	1
保険者11	0.027	0.163	0	1
保険者12	0.018	0.132	0	1
保険者13	0.054	0.227	0	1
保険者14	0.046	0.209	0	1
保険者15	0.027	0.161	0	1
保険者16	0.017	0.131	0	1
保険者17	0.011	0.103	0	1
2009年度	0.502	0.500	0	1
2010年度	0.498	0.500	0	1

注:観測値数は9,888.

のために,処置前値を含まない不適切な推定を行ったものである.動機付け+積極的支援対象(前期)の係数をみると-0.00647で1%基準で有意となっており,何らかの支援の対象となった者の腹囲は,それ以外の基準超者に比べて年率で約0.6%減少するという解釈になる.しかしながら,すでに第1節にみたように,このような推定は,平均への回帰効果を含むために過大な効果が計測されている可能性がある.そこで,処置前値を説明変数に含めた適切な推定

表 6-2 処置前値をコントロールした推定結果1（腹囲）

	推定 (1)	推定 (2)	推定 (3)	推定 (4)
年齢	−0.0218**	0.00311	−0.0230**	0.00320
	(0.0103)	(0.0061)	(0.0103)	(0.0061)
年齢2乗/100	0.0134*	−0.00522	0.0141*	−0.00528
	(0.00780)	(0.00461)	(0.00780)	(0.00462)
対数腹囲（前期）		−1.401***		−1.402***
		(0.0160)		(0.0160)
動機付け＋積極的支援対象（前期）	−0.00647***	0.000133	−0.00493*	0.000015
	(0.00249)	(0.00147)	(0.00255)	(0.00151)
積極的支援対象（前期）			−0.00924***	0.00072
			(0.00349)	(0.00207)
定数項	0.844**	6.339***	0.892***	6.337***
	(0.338)	(0.209)	(0.338)	(0.209)
観測値数	9,887	9,887	9,887	9,887
修正済み決定係数（over all）	0.0014	0.0353	0.0016	0.0353

注：固定効果モデル．*は10%基準，**は5%基準，***は1%基準で有意であることを示す．括弧内は標準誤差．平均値除去法が用いられているため定数項が推定されている．

を行うと，動機付け＋積極的支援対象（前期）の係数は，有意ではなくなった（推定(2)）．

推定(3)，(4) は，動機付け＋積極的支援対象（前期）に加えて，積極的支援対象（前期）を説明変数に加え，動機付け支援に比べて積極的支援の対象者の方が大きな効果をもつかどうかを確かめたものである．処置前値を含まない不適切な推定(3)では，動機付け＋積極的支援対象（前期），積極的支援対象（前期）がともに負で有意な結果となるが，処置前値を含む推定(4)ではやはり両変数とも有意ではなくなる．

次に，表6-3はBMIについて表6-2の各推定と同様のことを行った結果である．動機付け＋積極的支援対象（前期）の係数は，処置前値を含まない推定(5)で−0.0118（約1.2%の減少）で有意であるのに対し，処置前値を含む推定(6)では，有意ではあるものの−0.00514（約0.5%の減少）と効果が約半減している．動機付け＋積極的支援対象（前期）に加えて，積極的支援対象（前期）を説明変数に加えた推定(7)，(8)でも同様に効果の半減が確認できる．また，推定(7)，(8)では積極的支援対象（前期）の係数は有意となっていない．

表6-3 処置前値をコントロールした推定結果2 (BMI)

	推定 (5)	推定 (6)	推定 (7)	推定 (8)
年齢	-0.0141*	0.00609	-0.0147*	0.00619
	(0.0082)	(0.0059)	(0.0083)	(0.0059)
年齢2乗/100	0.0085	-0.00696	0.0088	-0.00702
	(0.00627)	(0.00451)	(0.00627)	(0.00451)
対数BMI（前期）		-1.244***		-1.244***
		(0.0199)		(0.0200)
動機付け+積極的支援対象（前期）	-0.0118***	-0.00514***	-0.0111***	-0.00526***
	(0.0020)	(0.00144)	(0.00205)	(0.00147)
積極的支援対象（前期）			-0.00448	0.00072
			(0.00280)	(0.00202)
定数項	0.558**	3.935***	0.581**	3.932***
	(0.272)	(0.202)	(0.272)	(0.202)
観測値数	9,887	9,887	9,887	9,887
修正済み決定係数 (over all)	0.0021	0.0027	0.0022	0.0027

注：固定効果モデル．*は10％基準，**は5％基準，***は1％基準で有意であることを示す．括弧内は標準誤差．平均値除去法が用いられているため定数項が推定されている．

以上から言えることは，やはり処置前値を含むか含まないかで推定結果が大きく異なり，平均への回帰効果を取り除くためには，処置前値を説明変数に加える処理が必要であるということである[7]．

5.2 割り当てに対する内生性問題とその対応

表6-4, 6-5は，特定保健指導の利用にともなう partial compliance の問題を処理するために，前節 (6-4) 式の固定効果モデルを推定した結果である．

腹囲について推定した表6-4をみてみよう．まず，推定 (9)，推定 (10) は比較のために，不適切な推定を行ったものであり，前者は処置前値を含まない推定，後者は固定効果を考慮せず最小二乗法 (OLS) で推定した結果である．両者とも動機付け+積極的支援利用（前期）の係数は負で有意な結果となっている．しかしながら，処置前値を含み，固定効果モデルを用いた推定 (11) を

---

[7] 処置前値について，非線形性を許してその2乗項を説明変数に加えても，結果はほとんど変化しなかった．また，サンプルを基準超者ではなく，基準超者から服薬治療を行っている者を除いたサンプルにして同様の推定を行っても，係数の大きさはあまり変わらなかった．ちなみに，この2つの頑健性チェックは，以後の全ての推定式で行ったが，やはり結果を別途報告するほどの違いはみられなかった．

表 6-4 割り当ての内生性問題を考慮した推定結果 1（腹囲）

	推定 (9) 固定効果	推定 (10) OLS	推定 (11) 固定効果	推定 (12) 固定効果
性別		0.00152 (0.00095)		
年齢	−0.0209** (0.0103)	−0.0023** (0.0009)	0.0035 (0.0061)	0.0030 (0.0061)
年齢 2 乗/100	0.01310* (0.00781)	0.00165** (0.00074)	−0.00542 (0.00461)	−0.00500 (0.00463)
対数腹囲（前期）		−0.1412*** (0.0076)	−1.4011*** (0.0159)	−1.4015*** (0.0159)
動機付け+積極的支援利用（前期）	−0.00528* (0.00321)	−0.00689*** (0.00133)	−0.00284 (0.00189)	−0.00356* (0.00202)
積極的支援利用（前期）				0.0037 (0.0036)
2010 年		0.00284*** (0.00093)		
定数項	0.796** (0.3389)	0.703*** (0.0448)	6.319*** (0.2097)	6.338*** (0.2106)
各保険者ダミー	なし	あり	なし	なし
観測値数	9,887	9,888	9,887	9,887
修正済み決定係数 (over all)	0.0014	0.0438	0.0356	0.0356

注：*は 10% 基準，**は 5% 基準，***は 1% 基準で有意であることを示す．括弧内は標準誤差．OLS は，各保険者ダミーの推定結果を省略している．固定効果モデルは，平均値除去法が用いられているため定数項が推定されている．

みると，動機付け+積極的支援利用（前期）の係数はもはや有意ではない．動機付け+積極的支援対象（前期）に加えて，積極的支援対象（前期）を説明変数に加えた推定（12）では，動機付け+積極的支援対象（前期）は 10% 基準で有意となり，−0.00356（約 0.4% 減少）という結果となるが，積極的支援対象（前期）の係数は有意ではない．

一方，BMI について推定した表 6-5 では，推定（13）～推定（15）まで全てにおいて，動機付け+積極的支援対象（前期）の係数は負で有意である．しかしながら，不適切な推定である推定（13）の係数（−0.0155）と推定（14）の係数（−0.0102）に比べて，適切な推定である推定（15），（16）の係数はそれぞれ−0.00593，−0.00556 と絶対値でみて効果は約半減しており，年率で約 0.6% の減少であると解釈できる．推定（16）において，積極的支援対象（前

表 6-5　割り当ての内生性問題を考慮した推定結果 2 (BMI)

	推定 (13) 固定効果	推定 (14) OLS	推定 (15) 固定効果	推定 (16) 固定効果
性別		0.00185**		
		(0.00080)		
年齢	-0.0116	-0.0010	0.0071	0.0074
	(0.0083)	(0.0008)	(0.0059)	(0.0060)
年齢 2 乗/100	0.00750	0.00062	-0.00734	-0.00757*
	(0.00627)	(0.00062)	(0.00451)	(0.00453)
対数 BMI (前期)		-0.0213***	-1.2438***	-1.2433***
		(0.0044)	(0.0200)	(0.0200)
動機付け+積極的支援利用 (前期)	-0.01549***	-0.01021***	-0.00593***	-0.00556***
	(0.00257)	(0.00111)	(0.00185)	(0.00197)
積極的支援利用 (前期)				-0.0020
				(0.0035)
2010 年		0.00183**		
		(0.00077)		
定数項	0.429	0.098***	3.885***	3.874***
	(0.2720)	(0.0279)	(0.2031)	(0.2040)
各保険者ダミー	なし	あり	なし	なし
観測値数	9,887	9,888	9,887	9,887
修正済み決定係数 (over all)	0.0038	0.015	0.0026	0.0026

注：*は10%基準，**は5%基準，***は1%基準で有意であることを示す．括弧内は標準誤差．OLSは，各保険者ダミーの推定結果を省略している．固定効果モデルは，平均値除去法が用いられているため定数項が推定されている．

期) の係数も有意とはなっていない．

5.3　マッチング法

既述のように，マッチング法については，マハラノビスマッチングと傾向スコアマッチングの2通りの手法を用いた[8]．

表6-6は，それぞれのマッチング法における (1) 処置群 (何らかの支援対象者)，(2) 対照群 (基準超者のうち対象ではない者) の対数腹囲前期差と，対数BMI前期差の平均値をまとめ，その差を取ったものである (平均処置効

---

[8] 傾向スコアを得るためのプロビット推計の結果や，共変量調整の精度をみるためのバランステストの結果は省略している．詳しく知りたい読者は，巻末の初出一覧にある原著論文を参照されたい．

表6-6 マッチングによる平均処置効果

		(1) 積極的支援対象者+動機付け支援対象者	(2) 基準超者のうち支援対象でない者	(3) 差 ((1)-(2))	p値
対数腹囲前期差	マハラノビスマッチング	-0.00843	-0.00672	-0.00171	0.135
	傾向スコアマッチング	-0.01006	-0.00652	-0.00354***	0.002
対数BMI（前期）	マハラノビスマッチング	-0.0068	-0.00208	-0.00472***	0.000
	傾向スコアマッチング	-0.00663	-0.0024	-0.00423***	0.000

注：*は10%基準，**は5%基準，***は1%基準で有意であることを示す．

果）．まず上段の対数腹囲前期差の平均値の差（3）をみると，マハラノビスマッチングでは有意ではないものの，傾向スコアマッチングは有意であり，約0.3%の減少効果があるという結果になる．一方で，下段の対数BMI前期差の平均値の差（3）は両方のマッチングで有意であり，約0.4%の減少効果が計測されている．

5.4 差の差の推定（DID）法

最後に，前節（6-5）式の差の差の推定（DID）を行う．まず，分析に用いる主な変数の記述統計を示したものが表6-7である．

分析に先立ち，DID法を用いるための妥当性をチェックしなければならない．プログラム評価の各手法の中で，DID法という手法の大きな特徴は，処置群と対照群の間にランダム割り当てのような同質性を求める必要が必ずしもないということである．その代わりに，DID法で処置効果を判別できるための前提は，処置群と対照群の間に並行トレンド（parallel trend）が存在することである．実際には，自然実験が行われる前の時点のデータを何期か遡って，処置群と対照群のトレンドが並行しているかどうかを確認したり，トレンドを並行させるための調整が行われる．しかしながら，本章の分析の場合，自然実験は時点差ではなく，年齢差にあるから，通常のチェック方法は利用できない．

そこで本章では，通常の方法の代替案として，①対照群である動機付け支援分類者（服薬治療者を除く）の被説明変数 $\Delta \ln Y_{i,t}$ と，②そもそも分析の対象ではない「基準超者のうち支援の対象ではない者」の被説明変数 $\Delta \ln Y_{i,t}$ が同じトレンドをもっているかどうかをチェックする．②は，いわば「第2対

145

表 6-7 記述統計量 (2)

	特定保健指導対象者				特定保健指導利用者			
	平均	標準偏差	最小値	最大値	平均	標準偏差	最小値	最大値
対数腹囲前期差	−0.009	0.047	−0.377	0.289	−0.012	0.044	−0.208	0.148
対数BMI前期差	−0.007	0.037	−0.406	0.777	−0.013	0.037	−0.261	0.144
64歳以下（前期）	0.395	0.489	0	1	0.428	0.495	0	1
積極的支援分類（前期）	0.224	0.417	0	1	0.219	0.414	0	1
積極的支援分類	0.688	0.463	0	1	0.620	0.486	0	1
対数腹囲（前期）	4.513	0.063	4.220	4.918	4.509	0.057	4.290	4.758
対数腹囲（前期）2乗	20.368	0.568	17.804	24.185	20.330	0.518	18.408	22.638
対数BMI（前期）	3.243	0.091	2.771	3.843	3.239	0.080	3.047	3.632
対数BMI（前期）2乗	10.527	0.596	7.680	14.768	10.498	0.525	9.285	13.195
性別	0.598	0.490	0	1	0.586	0.493	0	1
年齢	65.3	7.0	41	74	64.8	7.1	41	74
年齢2乗	4,314.6	856.7	1,681	5,476	4,253.2	868.3	1,681	5,476
保険者1	0.281	0.449	0	1	0.164	0.370	0	1
保険者2	0.028	0.165	0	1	0.010	0.099	0	1
保険者3	0.056	0.230	0	1	0.068	0.253	0	1
保険者4	0.048	0.213	0	1	0.124	0.329	0	1
保険者5	0.026	0.160	0	1	0.039	0.193	0	1
保険者6	0.081	0.274	0	1	0.023	0.151	0	1
保険者7	0.041	0.198	0	1	0.027	0.163	0	1
保険者8	0.115	0.319	0	1	0.076	0.266	0	1
保険者9	0.073	0.261	0	1	0.142	0.349	0	1
保険者10	0.021	0.142	0	1	0.050	0.218	0	1
保険者11	0.023	0.150	0	1	0.088	0.284	0	1
保険者12	0.024	0.153	0	1	0.029	0.167	0	1
保険者13	0.068	0.251	0	1	0.001	0.026	0	1
保険者14	0.060	0.237	0	1	0.082	0.275	0	1
保険者15	0.032	0.176	0	1	0.022	0.147	0	1
保険者16	0.012	0.111	0	1	0.045	0.206	0	1
保険者17	0.010	0.101	0	1	0.010	0.099	0	1
2009年度	0.513	0.500	0	1	0.416	0.493	0	1
2010年度	0.487	0.500	0	1	0.584	0.493	0	1

注：観測値数は対象者が6,382，利用者が1,504．

表6-8 差の差の推定の結果（特定保健指導対象者）

被説明変数	推定 (17) 対数腹囲前期差	推定 (18) 対数BMI前期差
64歳以下（前期）	−0.00338	0.00216
	(0.00291)	(0.00213)
積極的支援分類×64歳以下（前期）	−0.00092	−0.00461**
	(0.00260)	(0.00216)
積極的支援分類（前期）	−0.00201	0.00126
	(0.00187)	(0.00147)
対数腹囲（前期）	−0.1297***	
	(0.0105)	
対数BMI（前期）		−0.0155***
		(0.0056)
性別	0.00293**	0.00185*
	(0.00131)	(0.00108)
年齢	−0.00162	0.00000
	(0.00122)	(0.00106)
年齢2乗/100	0.00098	−0.00020
	(0.00105)	(0.00090)
2010年度	0.00199*	0.00044
	(0.00115)	(0.00093)
定数項	0.642***	0.058*
	(0.0608)	(0.0349)
観測値数	6,382	6,382
修正済み決定係数	0.0419	0.0095

注：OLS．各保険者ダミーの結果は省略している．*は10%基準，**は5%基準，***は1%基準で有意であることを示す．括弧内は標準誤差．

照群」である．両者が同じトレンドをもっているのであれば，処置効果を除いた処置群のトレンドも対照群と同じであると類推される．もちろん，対照群と第2対照群が並行トレンドをもっていたとしても，処置群と対照群が並行トレンドをもつ保証はないが，限られたデータの中では最善（best available）な傍証と言えるだろう．具体的なトレンドの推定結果は省略するが，特定保健指導の対象者サンプルについては並行トレンドが確認でき，利用者については確認できなかった．

表6-8には，特定保健指導の対象者にサンプルに限った推定結果を示している．腹囲に対する推定（17）をみると，積極的支援分類×64歳以下（前期）の係数は有意ではなく，積極的支援の対象になることが，動機付け支援の対象

になるよりも効果が大きいことは確認できない．一方，BMIに対する推定(18)においては，積極的支援分類×64歳以下（前期）の係数は−0.00461であり，5%基準で有意である．つまり，積極的支援の対象になる場合には約0.5%，動機付け支援対象よりもBMIが減少すると解釈できる．

6 おわりに

本章は，特定健診・特定保健指導の効果について，プログラム評価の計量経済学の手法を用いて，福井県の市町国保加入者のデータから計測を行った．主な結果をまとめると，下記の通りである．

1) 特定保健指導の対象となったことによる腹囲への減少効果は，全く存在しないか（固定効果モデル，マッチング），年率換算で約0.3%程度（マッチング）にすぎない．
2) 一方で，BMIへの効果は有意に存在しているが，その効果は，年率換算で約0.4%（マッチング）～約0.5%（固定効果モデル）減少させる程度である．
3) 固定効果モデルにより，特定保健指導を利用することの効果を計測すると，基準超者で利用しなかった場合に比べて，腹囲について年率換算で約0.4%，BMIについて約0.6%減少する効果が認められる．
4) 動機付け支援に比べて，積極的支援の方が大きな効果があるかどうかを検証すると，腹囲については固定効果モデル，差の差の推定の両方で，効果を確認できない．
5) 一方で，BMIについては，固定効果モデルでは対象者，利用者ともに効果が確認できなかったものの，差の差の推定では，積極的支援の対象になる方が動機付け支援対象になるよりも年率換算で約0.5%，減少効果が大きいという結果となった．

興味深い点は，処置前値をコントロールしなかったり，割り当て変数の内生性を考慮しない場合には，特定保健指導の効果が測定されやすいことである．

しかし，適切な推定方法を用いると効果が有意でなくなったり，効果が小さくなることが確認できた[9]．

すでに述べたように，特定健診・特定保健指導には，2008〜2011年度までの4年間に約756億円の公費，約2269億円の事業費という多額の支出が行われている．今後，事業の実施率が高まっていけば，より多額の公費，事業費がかさむことになる．国民医療費が急増し，各医療保険財政が苦しくなるなか，特定健診・特定保健指導についても，今後は，より厳密で適切な政策評価が求められることになるだろう．本章の分析は，福井県の市町国保加入者に限られたものであったが，厚生労働省「保険者による健診・保健指導等に関する検討会」に代わる，より厳密なアプローチを提示した．

今後は，本章の手法等も参考にして，NDBを用いた全国ベースのより適切な評価が行われる必要がある．さらに，こうして評価された腹囲・BMI等の改善割合が，将来の生活習慣病の発生リスクをどの程度引き下げ，それにともなって将来の医療費をどの程度削減するのか，シミュレーション等の手法を用いた試算を行い，行政当局自体が費用対効果分析を実施すべきと思われる[10]．

---

[9] また，本章では省略したが，原著論文（鈴木他，2015）では，①HbA1c（ヘモグロビンA1c），②中性脂肪，③HDLコレステロール，④収縮期血圧，⑤拡張期血圧の5つの検査値について，処置前値をコントロールした固定効果モデルでの評価を行った．動機付け支援，積極的支援ともに，全ての指標において有意な効果は計測されなかった．

[10] 厚生労働省「保険者による健診・保健指導等に関する検討会」は最近，NDBを用いて，特定保健指導の医療費への効果を試算した（厚生労働省，2014b）．その主な結論は，特定保健指導終了者（処置群）の翌年度の医療費は，特定保健指導を受けなかった対照群よりも3割程度低いというものである．ただ，これはまさに文字通りの意味でしかなく，この結果をもって，特定保健指導の効果と解釈することはできない．報告書内でも示されているように，特定保健指導を受けた当該年度において，もともと対照群の医療費は処置群よりもかなり高い．もし特定保健指導の効果を評価したいのであれば，医療費の前年からの変化を評価対象とすべきであろう．もっとも，生活習慣病の発症を防ぐという特定健診の趣旨からいって，そもそも翌年度の医療費というような短期で評価を行うこと自体にも問題があると思われる．現時点で，費用対効果分析を行うのであれば，本文でも触れたシミュレーション分析を用いることが適切と思われる．

第III部

政策立案の支援

第7章

国民健康保険の財政予測

1 はじめに

　本章では，レセプトデータを用いて，国民健康保険（国保）の医療費と保険料の将来推計を行い，保険財政の安定的な運営を図る上で参考となる情報を提供することを目指す．福井県の17市町の国保加入者のレセプトデータ（2007年4月から2009年9月分）を集計して，2015，2020，2025年度の医療費と1人当たり保険料を推計する．

　2006年の医療制度改革では，都道府県は医療費適正化計画を策定して，医療費の抑制につとめることとされた．最初の計画は2008年度からの5年間となり，2012年度の医療費を諸施策で抑制することを図ろうとし，都道府県はその予測を行うこととされた．そして，2010年度の中間評価を反映させて，第2期の計画（2013年度からの5年間）が策定された．この際の医療費をできるだけ正確に推計することは，的確な施策を実施するためには欠かせない前提となる．

　将来の医療費を予測するには，高齢化の進展による人口構成の変化を考慮する必要がある．そのためには，現時点での年齢階層別1人当たり医療費のデータを整備し，将来の医療費の伸び率を設定し，将来の人口推計と合わせて，将来の医療費を推計する手法が広く使われている．市町村別の年齢階層別医療費のデータは通常は利用可能ではなく，特別の集計を必要とする．

　また，本章が着目する国保では，費用負担の異なる制度が含まれている点にも注意を要する．本章の分析が行われた時点の2009年度の制度では，高額医療費共同事業と保険財政共同安定化事業によって，30万円超のレセプトの8万円を超える部分について，都道府県単位での再保険がされている．また，420

万円超のレセプトの 200 万円を超える部分については,国民健康保険中央会による超高額医療費共同事業によって,全国単位での再保険がされている.前期高齢者の医療費については,全ての医療保険制度が関わる財政調整が行われている.

福井県の市町村国保（退職者医療を除いた一般分）では,2009 年度の医療費（療養諸費）の 546 億円のうち,前期高齢者分が 318 億円,高額医療費共同事業対象分が 34 億円,保険財政共同安定化事業分が 113 億円と推計される[1].

このように国保では,高額医療費の再保険事業と全国的に財政調整が行われる前期高齢者の医療費が大きな部分を占めている.レセプトデータを用いることで,費用負担方式が異なるこれらの医療費を制度に忠実な形で分類して集計できるのが,本章の分析の大きな利点である.

また,市町単位で医療費と保険財政の予測を行うことも大きな特徴であり,重要な政策的含意をもつ.2010 年に高齢者医療制度改革会議で,後期高齢者医療制度に代わる新しい制度の案が示されたなかで,中長期的には国保は都道府県単位に再編成されていく構想が示された.小規模の自治体では医療費のリスクを集団内では十分に分散しきれないという問題点があり,再編・統合には一定の意義があると言える.その意義を把握するために,まずは市町村単位の財政運営がどの程度不安定なものかを把握する必要がある.本章の分析では,人口構成の変化によって自治体間にどの程度の財政状況の違いが生じるのかを検証することができる.

2 文献展望

国保財政の予測については,国保全体を対象にしていくつかの研究がなされている.小椋・入舩（1990）は,国保の複雑な制度を明示的にシミュレーションモデルに組み込み,少子高齢化による国保財政への影響を予測している.そのなかで,1986 年から 2050 年までの国保保険料の予測が行われており,2050

---

[1] 高額医療費共同事業対象分は,『国民健康保険事業状況』の高額医療費共同事業交付金,国負担,県負担の和を 59% で除したもの,保険財政共同安定化事業対象分は,保険財政共同安定化事業拠出金を 59% で除したものとして推計した.

年において1986年の約2倍の保険料(実質価格ベース)が必要となると予測している.その後,鈴木(2000)においても,同様のモデルによって1995年から2100年までの保険料が予測されており,2055年のピーク時の国保保険料が,1995年の約2倍の保険料(実質価格ベース)となることが報告されている.また,林(1995)は,国保事業勘定の収支の諸項目を関数化することによって,2025年までの国保収支の詳細項目を予測している.以上の研究では,本章のように,市町村単位での国保財政の予測はされていない.

一方,本章が財政予測とともに着目している国保補助金,国保における財政調整制度に関しては,多くの先行研究が存在している.これらは大きく分けて3つのテーマに分類できる[2].このうち,最も初期のものは,国保補助金や財政調整に関して,その複雑な制度を経済学的な文脈で定式化することに注力した研究であり,地方財政基本問題研究委員会(1990)を嚆矢とし,金井(1994),岡崎(1995),小山(1997),小松(2005)等がある.

第2に,国保補助金,財政調整制度への関心は,必然的に,その財政調整の結果としての地域間格差の評価につながる.齊藤(1991),木村(1994),林(1995),北浦(2007)等の研究が国保財政および保険料の地域間格差の現状を分析しており,いずれもその分析をした年代において,都道府県別,市町村別に大きな地域間格差が存在していることを報告している.

第3の研究の方向は,国保補助金,財政調整制度が国保財政においてソフトな予算制約の問題を引き起こしているか否かを検証するものであり,田近・油井(1999),鈴木(2001),Yoshida and Kawamura(2008),Yuda(2016)等の研究がある.このうち,田近・油井(1999)は,市町村別の国保データから,人口の少ない町村部ほど歳入に対する保険料収入のシェアが低く,また一般会計繰入が多い事実を発見している.そして,一般会計繰入は地方財政計画で措置されることで町村部の国保の財政運営を放漫にしている可能性を指摘した後,1人当たり実績医療費を保険料収入のシェア等で回帰し,財政支援が手厚いところほど医療費が高くなっていることを報告している.また,鈴木(2001)は,大阪府の市町村別財務データを用いて,国保におけるさまざまな補助金制度の

---

[2] 以下の文脈とはやや離れるが,国保の運営費用と国保の規模の関係を調べ,最小費用となる規模を探る研究が数多くなされている(山田,1998;岸田,2002;泉田,2003;湯田,2010).

目的達成度と目的整合性を検証している．その結果，目的と整合的に支出されている補助金の割合は半分程度で，特に年齢格差の調整にはあまり貢献していないことを確認している．また，国保への補助金は，保険料で対応すべき分も調整していることも発見しており，それが増えるほど，補助金も増える構造になっていることを報告している．

さらに，Yoshida and Kawamura（2008）は，国保と介護保険の財政構造の違いを利用して，それらの費用効率化のインセンティブに差があるか否かを検証している．分析の結果，事後的に多くの保険料を受け取ることができる国保では，保険者はソフトな予算制約に直面しているため，モラルハザードを起こしやすく，結果としてより多くの超過需要をもたらすことが示されている．また，Yuda（2016）は，要素価格や生産物といった変数を明示的に扱い，保険者別データを用いて費用関数を推定した．確率フロンティアモデルによる推定の結果，高齢者医療制度への拠出金が国保財政の非効率性の拡大に最も大きな影響を与えていることを報告している．また，加入者の高齢化や，普通調整交付金や市町村一般会計からの繰入金等の財政補助が国保財政の非効率性を高めているとされている．

3 推計方法

本章では，福井県下17市町の国保加入者のレセプトデータ（2007年4月から2009年9月分，未受診者分を含む）を集計して，2009年度の年齢別1人当たりの医療費の推計，2015，2020，2025年度の医療費推計，保険財政予測を行った．

3.1 医療費の推計

医療費は，市町別の被保険者（老人保健制度加入者を除く）の年齢階層別医療費のデータをもとに，被保険者人口の将来予測を利用して推計する．

人口の多い市ではさらに細かい年齢階層別でも安定した集計値が得られ，年齢が高まるとともに医療費が高まることが確認される．2次医療圏別の集計では，地域間で医療費の違いがあることも観察された．しかし，加入者の将来推

計が5歳刻みしか得られないために，本章では医療費を年齢階層別にまとめざるを得なかった．市町の人口推計を詳細なものにすることは，医療費の詳細な情報を活用して医療保険財政の予測の精度を高めることに役立つと考えられる．

保険財政予測での推計対象の医療費は療養諸費とする．筆者らが提供を受けたレセプトデータの医療費は療養の給付（診療費・調剤）に対応するので，各市町で数値を比例的に拡大して，療養諸費の実績値に合致させるようにする．

筆者らがレセプトを集計した 2008 年度の医療費は，489 億円となる．同年度の福井県の『国民健康保険事業状況』によれば，療養諸費の合計は 555 億円で，カバー率は 88% となる．カバー率が 100% より小さくなる主な理由は，2007 年 1 月時点での国保加入者を対象としているため，それ以降の加入者が筆者らのデータから欠落していることにある．2009 年度の療養諸費の合計は 546 億円で，被保険者は年度末で 17 万 7892 人で，1 人当たり 30 万 6711 円となる．

医療費は，以下の 4 つの手順（[手順 HCE-1]～[手順 HCE-4]）を経て推計される．

[手順 HCE-1] 基準時点の医療費の推計

基準となる 2009 年度の医療費は，2007 年度から 2009 年度の 3 か年の平均をとる．本章の執筆時点では 2009 年度は前半のレセプトしか利用可能でなかったため，前半の集計値を 2 倍して年度の数値とした．物価の変動を調整するため，消費者物価指数（総合）を用いて 2009 年度価格に変換している．

費用負担方式の違いによって，医療費を 4 種類（HCE-1～HCE-4）に分類し，集計する．

（HCE-1）高額医療費共同事業対象分．1 か月 80 万円超のレセプトの 80 万円を超える部分とする．
（HCE-2）保険財政共同安定化事業対象分．1 か月 30 万円超のレセプトの 8～80 万円の部分とする．
（HCE-3）前期高齢者分．前期高齢者（65～74 歳）のレセプトで，（HCE-1）と（HCE-2）を除く部分．
（HCE-4）その他．（HCE-1）から（HCE-3）以外の部分．

高額医療費共同事業，保険財政共同安定化事業の対象は医療費の59%になる．財政予測では市町別に将来の高額医療費の発生を予測することは困難であるため，発生確率を市町で一律と想定する．このため，推計では市町間の給付費の違いは生じず，県単位で一括して計算することになる．また，前期高齢者の医療費は財政調整によって各制度の加入者構成の違いが全国レベルで調整されるため，保険財政の推計は県単位で行う．以上のことから，（HCE-1）から（HCE-3）は，それぞれを県単位で集計し，1人当たり医療費を各市町に計上する．（HCE-4）は，各市町で集計し，各市町の医療費とする．

[手順 HCE-2] 将来の医療費増加率の設定

1人当たり医療費の伸び率は5歳刻みの年齢階層別（0〜4歳から70〜74歳まで）に，以下の2ケースを想定した．

（ケース1）

　各市町の全年齢階層で同じ伸び率をとるものとし，「医療費等の将来見通し及び財政影響試算」（厚生労働省保険局，2010年10月）にしたがい，各市町の伸び率を年率1.5%とおく．市町の1人当たり医療費の伸び率の違いは，市町の人口構成の変化の違いによって生じることになる．

　「医療費等の将来見通し及び財政影響試算」では，診療報酬改定，制度改正，高齢化の影響を除いた，医療の高度化等による1人当たり医療費の伸び率（自然増）を年1.5%と仮定した．診療報酬改定が除かれていることから，本章の推計では物価上昇が考慮されておらず，将来の医療費は2009年度の価格で表示されているとの解釈が可能である．一方で，実質経済成長がどのように考慮されているのかの解釈は難しい．これは，「医療費等の将来見通し及び財政影響試算」が社会保障国民会議でのシミュレーションでの考え方を継承して，診療報酬改定が名目成長の3分の1の幅で行われると想定しているからである．つまり，制度改正と高齢化の影響を除いた1人当たり名目医療費増加率が「1.5% + 名目経済成長率／3」で与えられており，名目経済成長率が高まるほど，所得水準に対する医療費の比率が下がることを意味している．そして，名目経済成長がゼロであると想定していることになる．よ

り現実的な名目経済成長の想定では，所得水準に対する医療費の将来の水準はここでの推計よりも小さくなると考えられる．

(ケース2)

　レセプトデータから，各市町の2007～2009年度の年齢階層別1人当たり医療費の伸び率の実績を計算する．2009年度は，この実績値と1.5%の中間値をとるものとする．2025年度には全市町の伸び率が1.5%となるように，実績値のウエイトが線形に減少するような加重平均で各年度の伸び率を設定する．これは，近い将来では直近の各市町の伸び率の違いが反映されるという考えに立ったものである．

[手順HCE-3] 将来の被保険者数の推計

　2009年度の5歳階級別被保険者数に，人口比率を乗じて，将来の被保険者数を推計する．人口比率は，『日本の市区町村別将来推計人口（平成20年12月推計）』（国立社会保障・人口問題研究所）での推計年度の市町人口を2009年度の人口で除したものである．ただし，この推計は簡便法であり，国保被保険者の年齢構成と市町全体の年齢構成が一致していないことから誤差が生じる可能性に注意する必要がある．

[手順HCE-4] 将来の医療費の推計

　将来の市町の医療費は，2009年度の1人当たり医療費に推計年度までの医療費伸び率と被保険者数を乗じて推計した．

3.2　医療保険財政の推計

　まず，2009年度の財政状況を『国民健康保険事業状況』に基づき，概観する．医療費（療養諸費）は546億円で，1人当たりで30万6711円となる．保険給付費は448億円で，1人当たりで25万2024円である[3]．前期高齢者の医療

[3) このうち療養諸費にかかる保険給付費は399億円である．この他に，高額療養費46億円と出産育児諸費と葬祭諸費3億円がある．療養諸費は，療養の給付（診療費，調剤），入院時食事・生活療養費，訪問看護療養費，療養費，移送費からなる．

表 7-1　国民健康保険の財政状況（2009 年度）

支出		財源	
保険給付費	49,421,957,498	保険料	15,872,565,361
一般	44,833,109,698	一般	14,147,104,369
退職	4,588,847,800	退職	1,725,460,992
		療養給付費交付金	4,964,697,730
後期高齢者支援金	8,413,792,050	療養給付費等負担金	12,704,529,365
介護納付金	3,089,837,236	普通調整交付金	3,258,498,000
		特別調整交付金	393,009,000
		第一号都道府県調整交付金	2,069,917,000
		第二号都道府県調整交付金	344,985,000
前期高齢者納付金	22,898,490	前期高齢者交付金	16,918,387,450
		高額医療費共同事業・国負担	337,094,702
		高額医療費共同事業・県負担	337,094,702
高額医療費共同事業拠出金	1,348,378,835	高額医療費共同事業交付金	1,348,078,120
保険財政共同安定化事業拠出金	6,659,909,581	保険財政共同安定化事業交付金	6,659,909,581

注：単位は円．17 市町分で国保組合を含まない．
出所：『福井県国民健康保険事業状況（平成 21 年度分）』．

費は 318 億円で，1 人当たり 46 万 6889 円となる．前期高齢者を除く 1 人当たり医療費は，20 万 7514 円となり，前期高齢者との間で 2 倍以上の開きがある．

表 7-1 は，財政状況の概要を示したものである．公表資料では退職者医療制度との分離ができないため，この表にかかる数値のみ一般分と退職者医療分の合計となっている．保険給付費は 494 億円となり，制度間の財政調整にかかる支出には，後期高齢者支援金（84 億円，1 人当たり 4 万 3494 円），介護納付金（31 億円，1 人当たり 1 万 5973 円）がある．これらの合計は 609 億円となる．

財源には，まず保険料収入が 159 億円ある．一般分の給付費には国庫負担 164 億円，都道府県負担 164 億円の補助があり，退職者分には退職者医療制度によって療養給付費交付金 50 億円が交付される．前期高齢者の医療費にかかる財政調整では，福井県国保の前期高齢者の加入率が全国に比較して高いため，純計で 169 億円が交付される．高額医療費共同事業と保険財政共同安定化事業にかかる項目は，収入と支出がほぼ釣り合う形になっている．

将来の保険料は，基準時点の 2009 年度の保険料と基準時点から推計時点までの保険料の変化を推計して，その和として求めることにする．

2009 年度の加入者 1 人当たり保険料は，医療費を制度上の費用負担方式で

賄うとしたときに必要な保険料として計算した．現実の保険料は，保険料軽減のための市町の一般会計からの繰入（国民健康保険保険基盤安定事業）をはじめ，各種の調整により，これとは一致しない．とくに一時的な収支の変動や一般会計の繰入金は，現実の保険料と本章で推計される保険料との大きな乖離につながるため，これを推計に取り入れることは本章の目的にはそぐわない．

将来の保険料変化は，4分類された医療費別に以下のような手順（[手順P1]～[手順P4]）で推計した．

[手順P1]

高額医療費共同事業対象分の医療費は，59％が共同事業の交付金，34％が定率国庫負担，7％が都道府県の調整交付金で賄われる．59％の交付金の内訳は，公費負担が29.5％，保険料が20.5％，国の調整交付金が9％となる．以上の制度の規定により，医療費の変化分の20.5％が保険料の変化分になると推計した．

[手順P2]

保険財政共同安定化事業対象分の医療費は，59％が共同安定化事業の交付金で，34％が定率国庫負担，7％が都道府県の調整交付金で賄われる．59％の交付金の内訳は，保険料が50％，国の調整交付金が9％となる．そこで，医療費の変化分の50％が保険料の変化分になると推計した．

[手順P3]

前期高齢者の医療費で[手順P1]，[手順P2]以外の部分は，財政調整制度によって全国で保険料がプールされて平準化する形になる．このため他の項目とは違って，岩本・福井（2011）等で使用された医療・介護保険財政モデルの2010年9月暫定版に基づいて，全国レベルの保険料を推計する[4]．

今回の医療・介護保険財政モデルでは，「医療費等の将来見通し及び財政影響試算」（厚生労働省保険局，2010年10月）の想定に基づき，1人当たり医療

---
[4] 岩本・福井（2011）で使用された2009年9月版から，医療費の将来予測のみ，その後に公表された後述の2つの資料に基づいて改訂していることから「暫定版」と称している．

費が年1.5%増加するとして，医療費の将来推計を行っている．推計された前期高齢者の医療給付費を，財政調整によって各制度で加入者1人当たり均等に負担するとの前提で，1人当たり負担を計算し，それが保険料に相当するものと考える．将来の加入者数は，『将来推計人口（2006年12月推計）』（国立社会保障・人口問題研究所）の出生中位・死亡中位の0〜74歳人口を用いている．

[手順P4]

その他の医療費分については，医療費推計値に2009年度の『国民健康保険事業状況』から得られた給付費の医療費に占める割合の実績値（81.42%）を乗じることによって，基準時点と将来の給付費を求めた．この給付費と後期高齢者拠出金と介護納付金について，50%が保険料，9%が国による調整交付金，7%が都道府県による調整交付金，34%が定率国庫負担で賄われる．そこで，給付費，後期高齢者拠出金，介護納付金の変化分の50%が保険料の変化分になると推計した．

医療・介護保険財政モデルによって推計された後期高齢者の医療給付費を，「新たな制度に関する基本方針」（高齢者医療制度改革会議提出資料，2010年12月20日）で提案された支援金比率に基づき現役世代の医療保険が負担するとの前提で，1人当たり後期高齢者支援金を推計する．

医療・介護保険財政モデルでの介護費用は，社会保障国民会議によるシミュレーションを再現する形で将来推計を行っている．この介護給付費を現行制度が予定する負担比率に基づき第2号被保険者が負担するとの前提で，1人当たり介護納付金を推計する．

国民健康保険特別会計のこれ以外の項目については，基準年度と推計年度で変化がないものとしている．特殊な要因や一時的な要因が影響している等，予測が難しいためである．

4　推計結果

3.1節で説明した手順で推計された将来の医療費は，表7-2のようになる．本章の主眼は自治体間の差異をみることにあるので，表は市町が特定化されな

表 7-2　医療費の将来推計　(％)

	(ケース1)				(ケース2)		
年度	2015	2020	2025	年度	2015	2020	2025
福井県全域	13.9	22.8	23.8	福井県全域	13.9	22.8	23.8
A	-2.4	1.2	-1.3	A	-6.5	-2.2	-2.8
B	-3.0	3.2	3.5	B	0.0	4.8	2.8
C	1.0	7.2	4.9	C	0.7	6.7	4.4
D	6.0	11.0	11.3	D	5.1	9.7	9.8
E	6.7	15.3	13.1	E	6.8	15.6	13.4
F	7.9	16.8	13.5	F	9.9	17.3	13.5
G	8.0	13.1	13.7	G	8.0	13.2	13.7
H	10.9	18.8	15.2	H	11.8	16.5	14.1
I	5.9	13.3	15.5	I	8.3	17.5	14.3
J	13.1	18.4	16.3	J	10.6	15.4	14.5
K	11.7	17.1	16.5	K	9.1	18.3	21.3
L	13.8	23.1	22.1	L	14.9	22.4	22.3
M	15.8	23.8	23.8	M	13.9	23.3	22.4
N	15.1	26.2	29.1	N	15.2	26.4	29.3
O	18.3	29.4	32.9	O	22.4	31.1	33.4
P	23.2	32.4	34.9	P	18.8	31.8	36.5
Q	18.1	30.6	35.0	Q	20.5	33.0	37.2

注：2009年度からの増加率．記号はケース1とケース2で同一の市町を指すとは限らない．

いように市町は増加率順の記号を使い（そのため同じ市町が表によって違う記号となることがある），2009年度からの増加率を示している．

　1人当たり医療費の伸び率を全県で一律としたケース1では，福井県全域の医療費は2009年度から2015年度には13.9％，2020年度には22.8％，2025年度には23.8％伸びると予測される．2025年度までの市町別の増加率は最小で-1.3％，最大で35.0％となる．ケース2では最小で-2.8％，最大で37.2％とばらつきの幅はケース1よりも若干大きい．増加率が小さい市町があるのは，人口減によって加入者数の減少が見込まれるからである．約4分の3の市町の増加率が県全域の増加率よりも小さくなっているのも，人口の伸びが県全域よりも低い市町が多いからである．

　表7-3は，1人当たり医療費の推計結果を示したものである．医療費の伸び率を全県で一律としたケース1では，福井県全域の1人当たり医療費は2009年度から2015年度には14.0％，2020年度には26.9％，2025年度には39.3％増加する．2025年度までの市町別の増加率は，ケース1では最小で26.5％，

表 7-3　1人当たり医療費の将来推計

(%)

	(ケース1)				(ケース2)		
年　度	2015	2020	2025	年　度	2015	2020	2025
福井県全域	14.0	26.9	39.3	福井県全域	14.0	26.9	39.3
A	2.9	14.5	26.5	A	6.0	18.6	31.1
B	6.5	17.7	29.5	B	5.5	18.6	31.8
C	6.4	19.2	31.8	C	8.7	19.4	32.5
D	7.7	21.2	33.2	D	7.8	21.4	33.5
E	11.0	23.3	36.6	E	10.1	21.8	34.7
F	10.2	24.1	37.1	F	9.7	22.9	36.1
G	12.0	23.9	37.2	G	12.0	23.9	37.2
H	15.3	27.9	39.4	H	14.4	26.5	37.6
I	13.9	27.0	39.5	I	10.7	24.8	38.0
J	13.8	27.4	40.5	J	14.8	27.0	39.3
K	12.7	26.0	41.0	K	13.9	27.6	40.8
L	16.1	29.0	41.8	L	14.6	28.2	41.1
M	16.7	29.7	42.6	M	16.7	29.4	43.6
N	15.6	29.6	44.1	N	20.1	32.2	43.9
O	20.9	33.5	45.5	O	15.8	29.8	44.4
P	17.9	31.3	46.1	P	17.2	31.5	45.4
Q	18.3	33.2	47.6	Q	18.9	33.3	47.1

注：2009年度からの増加率．記号はケース1とケース2で同一の市町を指すとは限らない．

最大で47.6%，ケース2では最小で31.1%，最大で47.1%となる．医療費増加率の格差が生じるケース2で最大と最小の幅が小さいのは，人口構成の変化による格差拡大と増加率の差による格差拡大が両端の市町で相殺する方向に働いたからだと考えられる．本章では，このような現象はたまたま生じたと解釈することにする．他地域でも同様な現象がみられるならば，人口構成と医療費増加率の相関関係あるいは因果関係が存在するかもしれないが，現状の知見ではこれについて考察を加えることはできない．

表7-4は，推計された1人当たり保険料の増加率を示したものである．福井県全域の1人当たり保険料は，2009年度から2015年度には17.2%，2020年度には33.9%，2025年度には49.5%に増加する．市町別の増加率は，ケース1では2025年度には最小で35.0%，最大で57.7%になった．ケース2では最小で36.6%，最大で57.1%になる．1人当たり医療費と同様に，医療費増加率の格差を想定したケース2の方がばらつきが小さくなっている．

2025年度までの増加率のばらつきの具合をみると，ケース1とケース2で

表7-4　1人当たり保険料の将来推計　　　(％)

年　度	(ケース1)			年　度	(ケース2)		
	2015	2020	2025		2015	2020	2025
福井県全域	17.2	33.9	49.5	福井県全域	17.2	33.9	49.5
A	7.2	21.6	35.0	A	8.0	22.8	36.6
B	10.7	26.0	40.7	B	10.8	26.0	40.7
C	12.4	27.1	41.0	C	12.3	26.9	40.8
D	14.8	29.4	43.6	D	14.9	29.6	43.8
E	12.7	29.2	44.0	E	13.5	30.6	45.9
F	16.4	33.2	47.8	F	15.6	32.5	47.3
G	15.8	33.0	47.8	G	16.4	33.2	47.8
H	16.3	33.0	48.1	H	16.3	33.0	48.2
I	16.6	33.3	48.9	I	16.8	33.6	49.3
J	19.1	34.4	49.9	J	19.1	34.4	50.0
K	17.6	34.7	50.7	K	17.3	34.3	50.2
L	18.3	35.4	51.5	L	17.9	34.9	50.8
M	20.1	37.3	53.7	M	22.6	38.2	52.6
N	21.4	39.1	53.8	N	21.1	38.6	53.2
O	23.9	40.0	54.8	O	20.7	38.3	55.0
P	24.3	40.7	55.7	P	24.0	40.2	55.1
Q	22.3	40.3	57.7	Q	22.1	40.0	57.1

注：2009年度からの増加率．記号はケース1とケース2で同一の市町を指すとは限らない．

顕著な違いはない．ケース1では7市町が47.8％から51.5％の範囲になるのに対して，ケース2では中心の7市町は47.3％から50.8％とわずかに縮小する．約半数が10ポイントの範囲におさまり，その他の半数が両端に散らばる形になる．

高額医療費共同事業と保険財政共同安定化事業の対象の医療費，前期高齢者医療費の増加額は県内で同じであるが，市町の高齢化の進展の違い等の要因によって，これだけの保険料の増加率の差が生じてくることがわかった．

5　おわりに

本章は，2015，2020，2025年度の福井県の17市町の国保加入者の医療費と1人当たり保険料を推計し，市町村間の高齢化の進展の違いが将来の医療費と保険料の格差の違いをもたらすかどうかを検討した．人口構成の違いは当然に集団での平均医療費の違いをもたらすものと考えられるが，注意しなければい

けないことは，国保では，高額医療費の再保険事業と全国的に財政調整が行われる前期高齢者の医療費が大きな部分を占めており，市町村単位の保険となっている部分がむしろ少数となっていることである．このため，人口構成の影響は，現実の費用負担方式を考慮したシミュレーション分析によって確かめる必要がある．レセプトデータを用いることで，費用負担方式が異なる，これらの医療費を制度に忠実な形で分類して集計することができるのが，この研究の大きな利点である．

推計の結果，医療費の伸び率を全県で一律とした場合では，福井県全域の1人当たり医療費は2009年度から2015年度には14.0%，2020年度には26.9%，2025年度には39.3%に増加する．市町別の増加率は，ケース1で2025年度には最小で26.5%，最大で47.6%となる．また，福井県全域の1人当たり保険料は，2009年度から2015年度には17.2%，2020年度には33.9%，2025年度には49.5%に増加する．市町別の増加率は，ケース1で2025年度には最小で35.0%，最大で57.7%になる．

前期高齢者の医療費と高額医療費は市町村単独で財政運営されていたとすれば，財政の市町村格差に結びつくと考えられるが，これらはすでに県あるいは全国単位の財政運営になっている．しかし，それ以外の医療費の部分についても，人口構成の今後の変化によって市町村間に違いが生じることが確認された．1つの県のみの観察結果という限界はあるものの，人口構成の変化によって自治体間で将来の医療費や保険料水準が異なってくるという本章の結果を踏まえると，国保の都道府県単位の統合は，こうした格差を縮小させることに貢献する可能性が示唆された．

[付記]

本章は日本財政学会第68回大会（成城大学）の報告論文に加筆・修正をしたものである．討論者の駒村康平氏からは有益なコメントをいただいた．

第8章
これからの健康政策への提言

1 本書の分析から得られる示唆

　高齢化にともなう医療・介護サービスへのニーズの高まりに，限られた資源のなかで答えていくという難しい課題に我々は直面している．効率性の向上が求められているが，それが単に質の低下につながってはいけない．このことから，最近の医療・介護制度改革では，効率的なサービスの提供体制の整備，疾病・虚弱の予防への取り組みが重要な役割を担ってきている．本書は，国民健康保険レセプト・介護保険レセプト・特定健診データを接合したデータベースを構築し，これらの施策の評価を行った．分析の結果をまとめると，本書で分析した範囲では，当初の意図に沿った効果が認められる施策があり，一部の政策の方向性は支持されたと言える．しかし，まだまだ改善の余地はあり，今後も努力が必要とされる．また，施策の効果分析については慎重な手続きが必要である．

　第4章でとりあげた，福井県おおい町での通所リハビリテーションのサービス開始は，費用面の効果では地域での介護費を引き下げ，医療費に代替されることもなかった．費用削減が要介護者の状態像の悪化に結びついては元も子もないが，筆者らの後続研究（両角他，2015）では，状態像の悪化は起こらなかったことがわかっている．

　行政担当者へのヒヤリングによれば，通所リハビリテーションの提供が始まる以前には，同サービスを必要とする住民が別のサービスで代替せざるを得ない状態であったのが，通所リハビリテーションに振り分けることができたとのことであった．わが国の介護保険制度創設前の措置制度のような過去の経緯に

基づく非効率なサービス提供体制からの工夫が，費用を下げ，費用対効果を改善させたことの一例であると言える．このような改善の余地は，他の地域・他のサービスについても存在するのではないかと思われる．その場合，各地域の自治体が住民のニーズを的確に把握して，サービスの改善を図ることが重要である．

社会的入院は減少したとは言え，まだ残存する非効率の例である．第3章の分析が示していることは，そもそもの社会的入院の規模が十分に把握できていないということである．また，ニーズに適したサービス提供が重要であるが，そのニーズの把握がなされていないため，適した提供体制を定めることができないという問題もあることが指摘されている．

予防の重視については，第5章で分析した介護予防給付では要介護度の悪化を食い止める効果が認められたが，第6章で分析した特定健康診査・特定保健指導では健康指標の改善は確認できないか，確認できたとしても小さなものであった．予防重視の施策が一律に効果があるとまでは言えず，施策ごとに丁寧な検証が必要とされるだろう．この2つは重要な施策であるが，全国で一斉に導入されたため，施策の因果効果を検証するための対照群を設定することが困難である．本書の分析の大きな労力は，因果効果を検出するためにできる限り適切な対照群を設定することに充てられている．その努力の上で筆者らは一定の結果を得たが，より頑健な知見を得るためには社会実験が実施されることが必要であろう．

本書では，医療・介護・特定健診のデータを接合できるという特色からの貴重な知見が得られた．また，接合しなくても，全県レベルのデータで個人を追跡できるという特色からも，貴重な知見が得られる．最近の施策の方向性への評価は，以上の通りである．本書で利用されたデータは万全のものではなく，根拠に基づく健康政策の進展のためにはさまざまな課題がある．より進化した評価の方法論に求められる3つの大きな課題は，以下の通りである．

(1) 医療と介護の関連を考慮すること
(2) 政策効果の把握のために社会実験を行うこと
(3) より精緻な分析を可能にするデータの基盤を整備すること

2節から4節で，順にそれぞれの課題を解説する．

2 医療・介護データを接合する意義

医療と介護の相互依存関係は以下のようなモデルでとらえることができる．医療費（あるいは他の医療に関係する変数）H と，介護費（あるいは他の介護に関係する変数）L は，医療と介護に影響を与える変数のベクトル X の線形関数であるとし，

$$H = \alpha_0 + \gamma_L L + \sum_h \alpha_h X_h + u_H \tag{8-1}$$

$$L = \beta_0 + \gamma_H H + \sum_l \beta_l X_l + u_L \tag{8-2}$$

で現れるとする．ここで，u_H，u_L はそれぞれ医療と介護に影響を与える攪乱項であり，独立に分布する確率変数とする．健康政策の効果は，その施策が X のなかに含まれる i 番目の変数だとすると，α_i と β_i で表される．

例えば医療に関係する施策が介護費に影響を与えるとすれば，介護費に直接影響を与える経路（施策を表す変数が直接，(8-2) 式に登場する．β_i がゼロでない），医療費を経由して介護費に影響を与える経路（γ_H がゼロでない）の2つが存在する．第2章では，死亡前1年間の費用について，間接的な影響があるか否かを検討したが，医療費を通しての介護費への影響はないという結果となった．介護費に直接影響を与える経路がないことが先験的に確かであるならば，医療費への影響のみを考えても問題はないことになる．しかし，そのような条件が満たされない場合には，医療費と介護費の両方への影響を考慮の対象にする必要がある．実際，第2章では介護費から医療費への影響があることが示されている．

施策がどのように資源の利用に影響するかは，誘導型を使って把握することができる．(8-1)，(8-2) 式を H と L について解くと，

$$H = \delta_{hh}\alpha_0 + \sum_i \tilde{\alpha}_i X_i + \delta_{hh} u_H + \delta_{hl} u_L \tag{8-3}$$

$$L = \delta_U \beta_0 + \sum_i \tilde{\beta}_i X_i + \delta_{lh} u_H + \delta_{ll} u_L \tag{8-4}$$

という誘導型が得られる．ここでの X は（8-1），（8-2）式に現れるすべての変数のベクトルになる．施策の効果は，

$$\tilde{\alpha}_i = \frac{\alpha_i + \beta_i \gamma_L}{1 - \gamma_H \gamma_L} \tag{8-5}$$

$$\tilde{\beta}_i = \frac{\alpha_i \gamma_H + \beta_i}{1 - \gamma_H \gamma_L} \tag{8-6}$$

で表される．例えば医療費から介護費の影響がなければ（γ_H がゼロ），$\tilde{\beta}_i = \beta_i$ となる．一般的には，施策の効果は α_i でも β_i でもなく，$\alpha_i + \beta_i$ ですらない．

　（8-1），（8-2）式のような構造型の推定はいつも適用できるものではなく，むしろ適用できない場合が多い．その理由には，係数をある程度の精度をもって識別するようなデータの変動が得られないことや，必要な情報をもつデータが存在しないこと等がある．そこで，構造型の識別制約を課さずに誘導型を推定することは有用であると考えられる．

　第1章と第2章の分析は，そのような接近方法をとり，データの欠落が生じない形で医療費と介護費の相関関係を分析した．これは X を推定式に含めないで，誤差項間の相関に着目した分析と解釈できる．高額の医療費（介護費）を使う個人は介護費（医療費）を使わないことから，全体では負の相関があるが，高額の費用を使う個人を除去すると，正の相関が現れる．後者の関係は，X を推定式に含まれない変数のベクトルと考えて，

$$\begin{aligned}\operatorname{cov}(\delta_{hh}\alpha_0 + \sum_i \tilde{\alpha}_i X_i + \delta_{hh} u_H + \delta_{hl} u_L, \\ \delta_U \beta_0 + \sum_i \tilde{\beta}_i X_i + \delta_{lh} u_H + \delta_{ll} u_L) > 0\end{aligned} \tag{8-7}$$

と表すことができる．（8-7）式からは，医療費と介護費の両方に同方向の影響を与える変数 X が存在するか，H と L の間に因果効果がある可能性が考えられるので，そのような可能性の有無の検証が課題となる，という示唆が得られる．

また，相互依存関係の性質はさまざまであり，第1章の分析結果からは，データ全体での相関関係をみるだけではなく，ある種類の相互依存関係が存在しそうな集団に絞っての考察が重要であることが示唆される．その趣旨から第2章は，死亡前1年間の期間に対象を絞った分析となっている．

3 社会実験の必要性

特定の施策の効果を検証した第II部では，誘導型による分析を行った．全体の効果を把握するためには，構造型によらなくても誘導型で充分である．第5章と第6章では予防に関する施策を対象にしたが，予防の効果については先行研究でも確証がもたれていない．医療費・介護費への影響を検証としようとした場合，これら費用には予防施策以外にさまざまな要因が影響を与えているので，それらを適切に除去して，予防施策の効果のみを抽出することが求められる．しかし，予防施策は複雑な経路を経て費用に影響を与えるとすれば，そのことはなかなか容易ではない．この研究においても以下の3点が問題となった．

(1) 社会実験が行われていない
(2) 長期データが存在しない
(3) 被用者保険のデータと接合できない

このため，医療費・介護費への影響に関する精度の高い分析は，現状では困難であると考え，予防施策が直接的に影響すると考えられる指標への影響を分析の対象とした．

介護予防給付や特定健診は全国で一斉に導入されて，社会実験が行われていないため，因果効果の精度の高い推定に必要とされる対照群を設定することが困難である．介護予防給付では制度導入以前のデータを対照群と設定し，特定健診では補論で解説する傾向スコア分析の手法を用いて対照群を設定したが，最初から適切に設計された実験計画に基づいて，対照群のデータが得られた方がはるかに望ましい．また，社会実験が行われておらず自然実験に頼ると，自然実験が利用できる施策に検証が限られてしまう．

根拠に基づく政策形成が根付くには，新規の施策の効果を検証するために社会実験を行うことが通例となることが望ましい．なお，特定健診・特定保健指導で生活習慣を改善して糖尿病の発症を減らすというように，影響が長期で発現する場合には施策の対象者の長期追跡が必要となるので，施策の早期導入が求められる場合には事前評価は難しくなる．しかし，試行地域を設けて数年のラグをもたせてデータを収集すれば，中間評価か事後評価に活用することができ，意義があるのではないかと考えられる．

4 レセプトデータの整備の課題

健康政策では，集団全体ではなく少数の個人に影響する施策が多く，精度の高い推定を得るための十分な数のデータを収集するためには広い範囲を対象にする必要がある．「総合的パネルデータ」は福井県全県を対象とすることで，この要請に応えたデータではあるが，先にのべた，(2) 長期データが存在しない，(3) 被用者保険のデータと接合できない，という問題点があった．これらは現状のレセプトデータの処理体制に由来する問題であり，NDB（ナショナルデータベース）にも該当する問題である．単純に全国データに範囲を広げることでは解決する問題ではないことから，レセプト処理体制の詳細を理解して，今後は改善を図っていかなければならない．

また，総合的パネルデータは，NDB では実現できていない特色があり，NDB では不可能な分析を可能にしている．したがって，全国データである NDB が利用可能になれば，一県に限定されるデータが必要なくなるわけではない．このことからも，レセプト処理体制の実際を把握して，NDB の今後の改善への示唆を得ることが重要である．

医療保険のレセプトは，基本的には各都道府県に置かれている審査支払機関のシステムで処理されている．被用者保険は社会保険診療報酬支払基金が各都道府県にもつ支部，国民健康保険は各都道府県で組織される国民健康保険団体連合会（国保連）がそれぞれシステムをもっている．NDB も，ここからデータを収集している．介護保険は市町村（特別区含む．以下同じ）が保険者であり，医療保険とは別の被保険者番号をもつ個別の制度である．医療レセプトと

介護レセプトを接合させるには，医療レセプトの個人を識別する番号と介護レセプトの個人を識別する番号をひもづけする情報が必要である．福井県の国保連のシステムではそのようなひもづけする情報をもっていたので，それを利用して，両制度のレセプトに突合[1]のための情報を入れたデータの提供を受けた．

以下では，現状の体制でデータの接合できない，3種類の問題を順にみていった後に，総合的パネルデータをより進化させた接合の可能性を考える．

(1) NDB での医療保険レセプトと特定健診データの接合の問題

医療保険は「保険者番号」「被保険者証等記号」「被保険者証等番号」の組み合わせで「世帯」を識別しており，同じ世帯の構成員は同じ番号となり，個人単位の識別番号をもっていない．このため，NDB での医療保険レセプトデータと特定健診データの突合には，①保険者番号，記号，番号，生年月日，性別，②氏名，生年月日，性別の2つの情報のハッシュ値（これらの情報と1対1に対応するが，もとの値に戻ることが困難な数）が用いられている（図8-1参照）．

それぞれの情報で突合できない場合は，もう一方のハッシュ値で突合を図り，できる限り突合させるようにしている．たとえば氏名は医療保険では漢字，特定健診では片仮名で記録されるため，ハッシュ値②では突合できず，ハッシュ値①で突合を図る．しかし，同じ生年月日，性別の双子はハッシュ値①が同じになり，突合することができない．このように，個人の識別番号に基づかない方法では突合がうまく行えない事例が生じることが事前にわかっていた．

突合できない事例は少数にとどまると想定されていたが，2015年9月の会計検査院の報告では，医療レセプトと特定健診情報が突合できた件数の割合が2011年度で19.0%，2012年度で24.9%と非常に低率であることが明らかにされた．なかでも協会けんぽはまったく突合できていない．これは，レセプトデータでは被保険者証等記号は全角文字で記録すると規定されていたが，特定健診データでは形式がまちまちであり，全角文字で記録されていない保険者の

---

1) 突合と接合は同義とみなして支障ないが，ここでは，異なるデータセットにある同一個人のデータを対応づけることを「突合」，その結果，同一個人について両者を合わせたデータを作成することを「接合」という使い分けをしている．

情報が変化しうる「保険者番号／被保険者証等記号・番号」および「氏名」について，それぞれ別のハッシュ関数を生成させ，データの突合の精度を向上させている

ハッシュ値を２つ生成させる	対応可能なケース

1)「保険者番号」「被保険者証等記号・番号」「生年月日」「性別」からハッシュ値①を生成させる

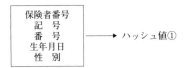 → ハッシュ値①

ケース1（記号・番号変更）
転職などで保険者番号，記号・番号が変更になった場合
　ハッシュ値②により紐付けが可能　
＊ただし，生年月日・性別・氏名について同一の人物がいた場合，紐付けが不可能となる

2)「氏名」「生年月日」「性別」からハッシュ値②を生成させる

 → ハッシュ値②

ケース2（氏名変更）
氏名の記載ミス，結婚などで氏名が変更になった場合
　ハッシュ値①により紐付けが可能　
＊ただし，生年月日，性別について同じ人物が同一記号・番号内に2名以上，存在した場合，紐付けが不可能となる（双子など）

ケース3（レセプトと健診・保健指導データの紐付け）
氏名の記載ルールが異なるレセプトと健診・保健指導データを紐付ける場合
　ハッシュ値①により紐付けが可能　
＊ただし，生年月日，性別について同じ人物が同一記号・番号内に2名以上，存在した場合，紐付けが不可能となる（双子など）

対応不可能なケース

記号・番号と氏名ともに変更があった場合
・結婚などで保険者が変更，氏名が変更になった場合
・転職などで保険者が変更，氏名の記載ミスがあった場合

図8-1　「記号・番号」と「氏名」の変化に対する対応
出所：厚生労働省資料より筆者作成.

システムから得られたハッシュ値では突合できない．協会けんぽでは半角文字に変換されるので，すべての健診データが突合できなくなっていた（同様の処理をしている保険者でも，全てのデータが突合できなくなる）．

元のデータの段階で半角文字と全角文字を置換するのは単純な作業であるが，ハッシュ値に変換してしまうと元のデータに戻すことができないので，突合が不可能になる．ハッシュ値を作成する前に記録形式をそろえることを仕様としていなかった単純なミスであるが，これによって貴重なデータを得る機会が失われてしまった[2]．

しかし，これ以外に想定されていた事前に照合できない問題は残存する．保

---

2) 記録形式をそろえてからハッシュ値を求めるように仕様を変更すれば，今後のデータではこの問題は解消する．

険者を移動する場合には，ハッシュ値①では突合できないため，ハッシュ値②のみで突合を図るが，生年月日が同じで同姓同名の人がいれば突合ができない．また，何らかの理由で，生年月日が同じで同姓同名の他人だけのデータしかなかった場合には，誤ってその他人のデータと突合されてしまうことになる．

結婚して，姓が変わり，保険者が変わる事例は非常に多く発生すると思われるが，この場合はハッシュ値①，②ともに変わるために，突合ができなくなる．

医療保険では制度的に個人を識別できる番号が存在しないことをNDBが前提としているが，そのために（現行の不備を改善した後でも）データが接合できない事態が存在する．データの接合を完全にするためには，保険者を移動しても同一の個人を追跡できるように，制度横断的に個人を識別できる番号を付与する必要がある．

(2) 後期高齢者医療制度データの接合の問題

筆者らが最初に福井県の後期高齢者医療制度のデータの提供を受けたときは，介護保険レセプトとの接合が不可能であった．また，後期高齢者医療制度には同制度に移動する前の加入者の情報が引き継がれておらず，追跡研究も不可能であった．75歳前後でレセプトデータの追跡ができないことは，この年齢階層の医療サービスの消費の実態をつかむことに大きな障害になる．そのため，筆者らの研究では後期高齢者医療制度創設以前に分析を絞ることを度々迫られた．

データの接合可能性は，業務上の必要性で規定されると考えられる．後期高齢者医療制度はまったく新しい医療制度として発足し，そのシステムも新規に開発されたが，その業務をこなす範囲では，以前に加入していた保険制度の加入者情報をシステムで保有する必要性はなかった．

現在は，介護保険システムに後期高齢者医療制度の被保険者情報が収容されているので，介護保険データとの接合が可能になっている．2013年度から提供がはじまったKDB（国保データベースシステム）では，これを利用して医療と介護のデータの突合ができている[3]．

---

3) 国民健康保険中央会へのヒヤリングによる．

(3) 被用者保険データの接合の問題

　被用者保険と介護保険は保険者が違うため，システムの連携が考慮されておらず，加入者を接続することができない．このため，福井県でのプロジェクトでは被用者保険は対象外としていた．NDBで介護レセプトとの接合ができないことも，被用者保険では医療レセプトと介護保険レセプトの接合ができないことが背景にある．両者のデータを接合することは，多くの研究課題の分析を可能にし，非常に大きな意義をもつが，これはなかなか容易ではない．実現への課題は，被用者保険が介護保険レセプトを接合して，利用したいという誘因をもつか，仮にもったとして技術的に可能か，の2つがある．前者は，被用者保険は介護納付金を負担するものの，加入者の介護費とは直接的な関係にないことから，自己の収支に関係ない介護費にどれだけ関心をもつのか，という問題である．後者は，被用者保険はどのようにして市町村から介護保険レセプトデータを入手することができるかという問題である．まず，被用者保険の側では加入者が要介護者の介護保険の保険者と被保険者番号を把握する必要がある（医療保険の被保険者番号は世帯で同一のため，介護保険から情報を得るためにこれを使用するのは困難である）．また，加入者が全国（複数の都道府県）にいる健康保険では，各都道府県の国保連からデータを入手する必要がある．

　被用者保険での医療レセプトと介護レセプトの接合には，単独の保険者の試みだけでは不十分であり，国レベルでのシステムの構築が必要である．その意味で，NDBへの介護保険レセプトデータの取り込みが，必然の方向になるだろう．その際には，制度横断的に個人を識別する番号を導入することが前提である．さらに，これまで医療保険と介護保険のデータの連携がとれていないことは，個別のシステムが稼働していることと厚生労働省で所管する局が違うことも影響しており，実現までには課題の克服に相当の努力を要すると思われる．

(4) その他の情報との接合の可能性

　3種類の接合の問題をみてきたが，異なるシステムの情報を接合するには，個人を識別する番号をシステム間で共有する必要がある．現に業務上の必要からそのような番号が導入されていれば，それを利用すればよいが，そうでない場合には，それを実装することが必要となる．

個人が別の保険者による保険に移動しても追跡できるためには，この番号は移動によって不変であり，制度横断的な番号付与がされていることが必要である[4]．社会保障・税番号（マイナンバー）はここで必要とされる機能を果たすことができるが，これとは別の「医療番号」を 2018 年度から導入することが計画されている．ただし，現在のところ医療分野のみで介護分野への導入は具体化されていないことから，本章の対象とした分析を遂行するためのデータ整備のインフラとしては，まだ不十分である．

　一方で，より多様な情報との接合も考えられる．市町村の電算機システムでは，国保システムと介護保険システムに加えて住基（住民基本台帳），戸籍，税等のシステムが運用されているが，これらのシステムが連携して稼働するように，住民情報のひもづけが行えるようになっている．このことから，市町村からデータの提供を受けることができれば，こうした情報を利用した（例えば，レセプトデータと税務データを接合した）分析が可能となる．しかし，国保連の業務にはこのような連携の必要がないので，国保連のシステムからこのようなデータの提供を受けることは不可能である．医療・介護以外の情報を接合して，全県レベルの分析を行うには，全市町村についてそれぞれのシステムからデータを抽出することを許可してもらう必要があり，その実現には膨大な労力が必要とされる．

　このように，医療・介護・特定健診のデータを接合するためには，現状では多くの課題がある．日常の業務処理の観点から設計されていたデータの構造を変革していくことは困難な事業ではあるが，克服できないものではない．根拠に基づく健康政策の立案には，データの活用だけではなく，ここで述べたデータベースの改善と整備が不可欠である．包括的なデータベースは，日本が今後直面する諸課題を克服するための貴重な共有財産である．厚生労働省の所管局間の壁あるいは保険者間の壁を乗り越えて，そのようなデータが整備されるこ

---

[4] 国保加入者が他市町に転出した場合，旧住所での国保の資格を喪失し，新住所での国保を新たに取得する．福井県国保連のシステムでは，県内の移動であれば個人を識別する番号はそのまま引き継がれ，データが連続して得られる．なお，県外への転出，県外からの流入では，移動前後のデータの接合はできない．

とを願ってやまない．

補論

プログラム評価の計量経済分析

1 はじめに

　プログラム評価（program evaluation）とは，ある個人や集団に対して，政策変更等の何らかの介入や処置が行われた際に，それが彼らの成果や結果に与える処置効果（treatment effect）または因果効果（causal effect）を推定する手法である．この手法は，近年著しい発展を遂げており，本書で用いられているものは，そのごく一部にすぎない．しかしながら，幸いにも，プログラム評価の分析手法を解説している優れた書籍や論文は，近年，和洋を問わずに多数公刊されているため，この分野に関心のある読者は，それぞれのレベルに応じた書籍や論文を参照にするのが良いだろう．例えば，邦語文献では，平易な順に，森田（2014），田中（2015），末石（2015），市村（2010）による解説が，分析例も豊富で詳しい．洋書の文献では，Stock and Watson（2014），Stata Corporation（2015），Angrist and Pischke（2009，邦語訳は大森他，2013），Cameron and Trivedi（2005），Imbens and Wooldridge（2009）およびWooldridge（2010）等が挙げられる．また，実際の適用方法についての議論を行っている鈴木（2004b，構造改革特区），川口（2008，労働政策），そして野口（2016，医療経済学）等の邦語文献も大変有用である．

　本補論では，市村（2010），末石（2015），田中（2015）およびStata Corporation（2015）の内容をかいつまみながら，第II部（第4～第6章）で用いられているプログラム評価手法についての解説を行う．本補論の構成は以下の通りである．次節では，プログラム評価手法の概略をまとめる．3節では，差の差の推定（DID, difference-in-differences）法に関する解説を行う．4節では，マッチング法に関する解説を行う．

2 プログラム評価手法の概略

2.1 プログラム評価手法とは

ある施策の効果を厳密に検証することを考えた場合，理想的な方法は実験を行って評価をすることである．実際に，医学や心理学や自然科学では，実験を行って得られる実験データ（experimental data）を用いて，施策の評価が行われる．例えば，医学における新薬の評価では，実験する患者に対して，新薬と効果の無い疑似薬（placebo）が，被験者に無作為に配られ，その効果の差が検証される．

経済政策や社会保障政策に関する社会実験は，それらが人々の生活に直接的に大きな影響をもたらすことが容易に予想されるため，経済学などの社会科学の分野で，厳密な実験を行うことは一般的に困難である[1]．それゆえに，我々が入手・利用できるデータは，観察データ（observational data）と呼ばれるものが一般的であるが，観察データを用いて政策や環境変化による結果への因果効果を推定するためには，はじめにその効果をしっかりと識別することが可能であることを示す必要がある（識別問題）．

ここで，Y_i を個人 i のある結果や成果を表す変数とする．本書の分析では，介護費（第4章），要介護度（第5章）および腹囲や BMI（第6章）がこれにあたる．また，個人 i が政策や環境変化の処置を受けたときに 1，そうでない場合を 0 とするダミー変数を D_i とする．そして，政策や環境変化の処置を受けたときの結果を Y_{1i}，それらの処置を受けていないときの結果を Y_{0i} とすると，観察可能な結果 Y_i は，潜在的に発生する結果（Y_{0i}, Y_{1i}）を用いて，

$$Y_i = D_i Y_{1i} + (1-D_i) Y_{0i} \quad (補\text{-}1)$$

と書ける．このとき，個人 i に対するある政策や環境変化の効果，すなわち処

---

[1] 例外とも言える大規模な社会実験の実証研究として有名なものは，負の所得税導入の社会実験（Robins, 1985）や，ランド研究所による医療保険実験（Manning *et al.*, 1987; Newhouse and the Insurance Experiment Group, 1993），職業訓練パートナーシップ法（JTPA, Job Training Partnership Act）による職業訓練の効果の測定（Orr *et al.*, 1996），少人数教育や補助金の効果を調査した STAR プロジェクト（Achilles, 1999; Blatchford, 2003; Student Teacher Achievement Ratio Project），就学前教育の効果の検証（Heckman, 2013）等がある．

表補-1 本書の分析におけるプログラム評価問題

	政策実施前または環境変化の前	政策実施後または環境変化の後
処置群 (Treatment group)	$Y_{1i}=Y_i$ ($D_i=0$)（観察不可能） ［政策や環境変化の処置を受けた人が，もしその措置を受けなかった場合に得られる結果］	$Y_{1i}=Y_i$ ($D_i=1$)（観察可能） （第4章）おおい町の要介護認定者の介護費 （第5章）予防給付受給者の要介護度 （第6章）特定保健指導対象者・利用者の腹囲とBMI
対照群 (Control group)	$Y_{0i}=Y_i$ ($D_i=0$)（観察可能） （第4章）永平寺町・池田町・美浜町の要介護認定者の介護費 （第5章）介護給付受給者の要介護度 （第6章）特定保健指導非対象者・非利用者の腹囲とBMI	$Y_{0i}=Y_i$ ($D_i=1$)（観察不可能） ［政策や環境変化の処置を受けなかった人が，もしその措置を受けた場合に得られる結果］

出所：筆者作成．

置効果（treatment effect）は，それらの処置を受けたときの結果 Y_{1i} と，それらの処置を受けていないときの結果 Y_{0i} の差を考えればよいので，$Y_{1i}-Y_{0i}$ となる．

しかし，個人 i の結果 Y_i については，Y_{1i} か Y_{0i} のどちらかしか観察できないという問題に直面する．この問題は，プログラム評価問題と呼ばれるものである．本書の分析例においては，例えば，第5章の介護予防給付の利用が要介護度に与える影響については，介護予防給付を受けている個人 i の要介護度（$Y_{1i}(D_i=1)$）は観察できるが，同じ個人 i が介護予防給付を受けなかったときの要介護度（$Y_{0i}(D_i=1)$）を観察することができない．表補-1に示すように，第4章の介護サービス提供体制に関する分析や第6章の特定健康診査・特定保健指導に関する分析でも，同様のプログラム評価問題が発生している．

こうした状況の下で，近年，観察データを用いて，政策や環境変化が結果に与える因果効果を推定するために，自然実験（natural experiment）を利用したDID法や操作変数法，パネルデータ分析，マッチング法，回帰不連続デザイン法等が用いられている．以下では，本書の分析で用いられているDID法とマッチング法に関する簡単な解説を行う[2]．

---

2) より厳密な説明や他のプログラム評価方法の解説は，冒頭で挙げた文献を参照されたい．

なお，本補論で解説されるDID法とマッチング法の大きな違いは以下のように説明できるだろう．DID法では，政策や環境変化の処置を受けたグループ（処置群，treatment group）の処置前後の結果の平均値の差と，それらの処置を受けないグループ（対照群，control group）の処置前後の結果の平均値の差を考え，これが母集団全体の平均的な処置効果を表していると想定する方法である．一方で，マッチング法は，政策や環境変化の処置を受けた個人の結果と，その個人の個人属性や環境等の外的条件が非常に似ていて，これらの処置を受けなかった個人の結果とを比較する分析手法である．後者のいわば「仮想的な」個人は，サンプルの内外の対照群から「ある基準」を元にして選ばれるが，両者の個人属性や外的条件（これらをまとめて共変量と呼ぶ）は極めて似ていることから，両者の違いは「政策や環境変化の処置を受けたか，受けないか」のみとなる．したがって，前者の個人の結果と後者の個人の結果の差を政策や環境変化の影響と想定する．

2.2 プログラム評価における処置効果の識別

いずれの分析方法においても，結果の差は，平均処置効果（ATE, average treatment effect）と呼ばれ，以下のように定義される．

$$\text{ATE} \equiv E[Y_{1i} - Y_{0i}] = E[Y_{1i}] - E[Y_{0i}] \quad (補\text{-}2)$$

しかし，政策や環境変化の真の効果は，

$$\begin{aligned} &E[Y_i | D_i = 1] - E[Y_i | D_i = 0] \\ &= E[Y_{1i} | D_i = 1] - E[Y_{0i} | D_i = 0] \end{aligned} \quad (補\text{-}3)$$

である．もし，（補-1）式と（補-3）式が同じであれば，（補-2）式によってATEは一致推定[3]できるが，これらが等しくなることは極めてまれである．このときの，ATEが識別されるための十分条件は，

---

3) 例えば，母集団全体におけるある政策や環境変化の真の効果ATEを θ とし，観測値数（サンプルサイズ）n の観察データから推定したATEを $\hat{\theta}$ とする．ここから，サンプルサイズ n を無限に大きくしたときに，推定量 $\hat{\theta}$ が θ に確率収束するとき，$\hat{\theta}$ を一致推定量と呼ぶ．$\plim_{n \to \infty} \hat{\theta} = \theta$ や $\hat{\theta} \xrightarrow{p} \theta$ とも書かれる．

$$\mathrm{E}[Y_{1i} \mid D_i = 1] = \mathrm{E}[Y_{1i} \mid D_i = 0] \qquad (補\text{-}4)$$
$$\mathrm{E}[Y_{0i} \mid D_i = 1] = \mathrm{E}[Y_{0i} \mid D_i = 0] \qquad (補\text{-}5)$$

となる.（補-4）式は,「政策や環境変化の処置を受けた人の結果（左辺）と,政策や環境変化の処置を受けなかった人がもしその措置を受けた場合に得られる結果（右辺）が等しい」という条件である.同様に,（補-5）式は,「政策や環境変化の処置を受けなかった人の結果（右辺）と,政策や環境変化の処置を受けた人がもしその措置を受けなかった場合に得られる結果（左辺）が等しい」という条件である.（補-4）式の右辺と（補-5）式の左辺は,ともに観察されない潜在的な結果であるため,このようなアプローチは,反実仮想（counterfactual）アプローチと呼ばれる.

3　差の差の推定法

3.1　差の差の推定法による処置効果の推定

DID 法は,処置群の処置前後の結果の平均値の差と,対照群の処置前後の結果の平均値の差に着目し,それぞれのグループ間の差の差し引きにより,母集団全体の平均的な処置効果を評価する方法である.処置群の処置前後の平均値の差だけでは,処置による変化とそれ以外の要因による変化の識別ができない.そこで DID 法では,処置群のそれ以外の要因による変化を対照群での変化で代用し,処置群での変化から差し引いて処置効果を計測する[4]．

前節の表記に時間要素 t を明示的に加えたものを Y_{it} とする.ただし,t は政策の導入や環境の変化による処置が行われる前の期間であれば $t=1$,処置後の期間であれば $t=2$ であるとする.このときの処置効果は,処置群の処置前後の結果の差として定義することができるため,事前・事後推定量（BAE, before and after estimator）と呼ばれ,以下のように示される.

$$\mathrm{BAE}_1 \equiv \mathrm{E}[Y_{1i2} - Y_{1i1}] = \mathrm{E}[Y_{1i2}] - \mathrm{E}[Y_{1i1}] \qquad (補\text{-}6)$$

---

[4]　以下の事前・事後推定と DID 法との関係は,北村（2006）と Stock and Watson（2014, pp. 542-545）による解説を参照している.

ただし，BAE の添字 1 は処置群であることを示すものである．しかし，BAE では，処置と同時期に別な制度改革や経済状況の変化などがあった場合に，それらの効果と処置効果を精確に識別することができない．そこで，処置効果の識別のために，処置以外の変化の影響を受けつつ処置自体の影響を受けていない対照群の情報を使うことを考える．すなわち，対照群の BAE を BAE_0 とすると（添字 0 は対照群であることを示す），

$$BAE_0 \equiv E[Y_{0i2} - Y_{0i1}] = E[Y_{0i2}] - E[Y_{0i1}] \quad (\text{補-7})$$

と示すことができる．処置以外のその他の環境変化が結果 Y に与える影響は，この（補-7）式で捉えることができるため，処置効果は（補-6）式から（補-7）式の差をとった

$$\begin{aligned}DIDE &= BAE_1 - BAE_0 \\ &= \{E[Y_{1i2}] - E[Y_{1i1}]\} - \{E[Y_{0i2}] - E[Y_{0i1}]\}\end{aligned} \quad (\text{補-8})$$

と表すことができる．これは処置群の差から対照群の差を引くことから，差の差の推定量（DIDE, DID estimator）と呼ばれる．つまり，DID 法は，対照群サンプルを処置群の反実仮想として活用して処置効果を求める方法である．

今，Y_{it} が通常の線形回帰モデルで表されるとすると，

$$Y_{it} = \beta_0 + \beta_1 D_i + \beta_2 A_t + \beta_3 D_i A_t + u_{it} \quad (\text{補-9})$$

と示すことができる．D_i は（補-1）式と同様に，個人 i が処置群であれば 1，対照群であれば 0 をとるダミー変数，A_t は政策や環境変化の実施であれば 1，実施前であれば 0 をとるダミー変数である．また，u_{it} は誤差項で，最小二乗法によって未知パラメーター（$\beta_0, \beta_1, \beta_2, \beta_3$）が一致性を有するための仮定（$E[u_{it} | D_i, A_t] = 0$）を満たすものとする．（補-9）式のそれぞれのダミー変数に具体的に 0 や 1 を代入すると，（補-6）〜（補-8）式と（補-9）の対応関係は以下のようになる．

対照群（処置前）：$E[Y_{0i1}] = E[Y_{it} | D_i = 0, A_t = 0] = \beta_0$ （補-10）

対照群（処置後）：$E[Y_{0i2}] = E[Y_{it} | D_i = 0, A_t = 1] = \beta_0 + \beta_2$ （補-11）

処置群（処置前）：$\mathrm{E}[Y_{1i1}] = \mathrm{E}[Y_{it} | D_i = 1, A_t = 0] = \beta_0 + \beta_1$　　　（補-12）

処置群（処置後）：$\mathrm{E}[Y_{1i2}] = \mathrm{E}[Y_{it} | D_i = 1, A_t = 1]$
$$= \beta_0 + \beta_1 + \beta_2 + \beta_3 \quad (補\text{-}13)$$

すなわち，DIDE は

$$\begin{aligned} \mathrm{DIDE} &= \mathrm{BAE}_1 - \mathrm{BAE}_0 \\ &= [(\beta_0 + \beta_1 + \beta_2 + \beta_3) - (\beta_0 + \beta_1)] \\ &\quad - [(\beta_0 + \beta_2) - (\beta_0)] = \beta_3 \end{aligned} \quad (補\text{-}14)$$

となり，β_3 が ATE となる．これらの関係を図示すると，図補-1 のようになる．

DID 法の最大の利点は，（補-9）式を推定することによって，ATE（$\widehat{\beta_3}$）を容易かつ明確に把握できる点と，その統計的な有意性を通常の t 検定によって確認することができる点にある．なお，（補-9）式には個人属性等の他の要因が含まれていないため，このままでは欠落変数バイアス（omitted variable

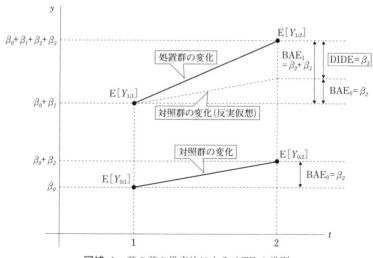

図補-1　差の差の推定法による ATE の識別

出所：筆者作成．

bias)のために,処置効果の一致推定量は得られない.したがって,通常は(補-9)式に,個人iのt時点における個人属性等を含む説明変数群 $\mathbf{x}_{it}$ を加えた

$$Y_{it} = \beta_0 + \beta_1 D_i + \beta_2 A_t + \beta_3 D_i A_t + \mathbf{x}_{it}\boldsymbol{\beta} + u_{it} \qquad (補-15)$$

が推定される.なお,このとき誤差項の仮定は $E[u_{it} | D_i, A_t, \mathbf{x}_{it}] = 0$ となる.

3.2 差の差の推定法における注意点

DID 法を用いる際にはいくつかの注意点がある.まず,処置群の標本での処置がなかった場合の2時点間の変化は,対照群の標本での2時点間の変化と等しいという強い仮定をもうけている.これは,「並行トレンドの仮定(parallel trends assumption)」や「共通トレンドの仮定(common trends assumption)」と呼ばれているもので,処置がなかった場合の処置群と対照群とで時系列のトレンドが一致することを求めている.そのため,この仮定が満たされない場合,推定値はバイアスを含むことになる.

また,それぞれの群の標本は,時間毎に群特有のショックと各標本特有のショックの影響を受けていると考えられる.すなわち,i を個人,d を個人が属する群,t を時間とするとき,最小二乗法による推定式の誤差項は,

$$u_{it} = v_{dt} + e_{idt} \qquad (補-16)$$

のように,群特有のショック(v_{dt})と標本特有のショック(e_{idt})の異なる2つのショックによる誤差項の和で表記することができる.Angrist and Pischke (2009, chapter 8) は,この部分について,以下の問題点を指摘している.第1に,群特有のショックが一定期間続く場合には,誤差項に強い系列相関が起きやすくなる.第2に,群特有のショックで系列相関が起きる場合,前述の並行トレンドの仮定(共通トレンドの仮定)が満たされなくなる恐れがある.そして第3に,Moulton (1986) が指摘しているように,群特有のショックがある場合には,同一群内での標本間の相関性が大きくなり,誤差項間の相関性が強くなる可能性がある.誤差項の系列相関については,Bertrand et al. (2004) や Cameron et al. (2011) が,個人や地域等の単位間の誤差項の相関を許す頑

健な標準誤差（clustering robust standard error）を推定することを提唱しているが，この他にも，現在，さまざまなアプローチが模索・議論されており，DID 法を用いて処置効果を推定する上での重要な検討課題となっている．

4　マッチング法

　マッチング法は，政策や環境変化の処置を受けた個人の結果と，その個人の個人属性が非常に似ていて，これらの処置を受けなかった個人の結果を比較する分析手法である．後者の（仮想的な）個人は，サンプルの内外の対照群から「ある基準」を元にして選ばれるが，両者の共変量（本節の以下では，マッチング変数（群）と呼ぶことがある）は極めて似ていることから，両者の違いは「政策や環境変化の処置を受けたか受けないか」のみとなる．したがって，処置を受けた個人の結果とその仮想的な個人の結果の差を，政策や環境変化の影響と想定する方法である．マッチング法に関するより詳細な解説は，1 節の冒頭で挙げた文献のほかに，Guo and Fraser（2014）が，Stata や R のプログラムコードとともに解説を行っており，非常に実用的である．また，Abadie et al.（2004）は要点を要領よくまとめているため，この分野において，すでにある程度の知識を有する読者にとっては有用である．また，岡本（2012）は医療経済学での応用例の1つとして興味深い．本節では，はじめに処置効果の推定について述べたあとで，マッチングをする際に用いられる「基準」についての解説を行う．

4.1　マッチング法による処置効果の推定

　マッチング法による ATE の測定は，（補-2）式の

$$\mathrm{ATE} \equiv \mathrm{E}[Y_{1i} - Y_{0i}] = \mathrm{E}[Y_{1i}] - \mathrm{E}[Y_{0i}]$$

を用いる．このとき，第2項の $\mathrm{E}[Y_{0i}]$ は観察不可能であるが，反実仮想となる個人 j の結果 $\mathrm{E}[Y_{0j}]$ を用いて評価される．なお，ATE が本当に興味のあるパラメーターであるかどうかについては，さまざまな考え方がある．例えば，特定健康診査・特定保健指導の効果を計測するのが目的であれば，そもそも健

診や保健指導を受けるつもりのない人々への効果はあまり興味がないかもしれない．そのような場合には，以下の処置を受けた人々の平均処置効果（ATT, average treatment effect on the treated）を推定することが有用である[5]．

$$\mathrm{ATT} \equiv E[Y_{1i} - Y_{0i} | D_i = 1] \qquad (補\text{-}17)$$

4.2 マッチングの「基準」

2節でも述べたように，反実仮想となる個人は，サンプルの内外の対照群から「ある基準」を元にして選ばれる．ここでは，本書の第II部で用いられたマハラノビスマッチング（Mahalanobis matching）と傾向スコアマッチング（propensity score matching）について紹介する．なお，マッチングの精度やそれにともなう推定結果は，その都度異なることが指摘されている．数多く存在するマッチング方法の中で，どの方法が最もパフォーマンスがよいかを示す客観的な統計量はまだ存在していないので，研究者はいろいろな方法を試して，頑健なものを見出すことが必要とされる（Guo and Fraser, 2014）．

マハラノビスマッチング

政策や環境変化の処置を受けている個人の反実仮想となる個人を選ぶ方法で，もっとも単純なやり方は，共変量（マッチング変数）が同じ個人を見つけ出すことである．この場合，1つのマッチング変数を用いるよりも複数のマッチング変数を用いた方が，より精度の高いマッチングを行うことができるが，サンプルサイズが大きいデータから，完全に同じ複数のマッチング変数を有する個人を探し出すことは労力的にも時間的にも大変な作業となる．そのような場合には，近いマッチング変数群をもつ（いくつかの共変量は同じだが，いくつかの共変量には差がある）個人を探し出すことが考えられる．その「近さ」の基準が，マハラノビス距離（Mahalanobis distance）と呼ばれるもので，政策や環境変化の処置を受けた個人 i とその反実仮想である処置を受けていない個人 j のマハラノビス距離 $d(i, j)$ は，以下のように定義される．

---

[5] この ATT の説明は，末石（2015, p.37）を大いに参考にしている．

$$d(i, j) = (\mathbf{u}-\mathbf{v})'\mathbf{C}(\mathbf{u}-\mathbf{v}) \qquad (補\text{-}18)$$

ただし，ベクトル u は処置群のマッチング変数群であり，v は対照群のマッチング変数である．また C は，対照群のマッチング変数の標本の分散共分散行列である[6]．

最も距離が近い個人 j が個人 i の反実仮想として選ばれ，1 組目のペアが作られる．次に，個人 j を除いたサンプルから，次に最も距離が小さい個人 j' が個人 i' の反実仮想として選ばれ，2 組目のペアが作られる．この手続きが，全ての処置群に含まれる個人にペアができるまで繰り返される[7]．それぞれの結果の期待値が，$E[Y_{1i}]$ と $E[Y_{0i}]$ であるため，この差である $E[Y_{1i}] - E[Y_{0i}]$ が政策や環境変化の ATE となる．

複数のマッチング変数を利用すれば，マッチングの精度を向上させることができるので，ATE の推定もより精確に行えることが期待できる．しかし，実際に多くの共変量が同じ，ないしは近い個人を見つけ出すことは容易ではなく，マッチング変数を増やすと，マハラノビス距離が大きくなってしまうことが多い．このとき，対照群から選ばれた個人 j は個人 i の良質な反実仮想とはならない可能性が高く，その場合には ATE の推定値にバイアスが発生してしまう可能性がある．これは，次元の呪い（curse of dimensionality），あるいは次元の問題（dimensionality problem）と呼ばれる問題である．次元の呪いが発生しているかどうかを確認するためには，マッチングされているペアの共変量がどのくらい一致しているのかを調べるバランステストを行うことが推奨されている（例えば，湯田他，2013）．

傾向スコアマッチング（I）

前述の次元の呪いの問題への対処方法の 1 つに，傾向スコアマッチングと呼

---

[6] この行列 C の定義は研究者によって異なる場合がある．具体的には，対照群のマッチング変数のみが用いられていたり，処置群・対照群をプールしたマッチング変数の標本の分散共分散行列を用いているものもある．詳細は Guo and Fraser（2014）を参照のこと．

[7] 距離がゼロ，すなわち，マッチング変数が完全に一致するものを選ぶ方法を完全マッチング（exact matching），距離が一番近いものを選ぶ方法を最近傍マッチング（nearest neighbor matching）と言う．

ばれる方法がある．傾向スコアとは，観察される共変量 **x** を所与としたときに，個人 i がある処置を受ける（または割り当てられる）条件付確率と定義される（Rosenbaum and Rubin, 1983）．つまり，ある政策や環境変化の処置を受ける確率を $e(\mathbf{x}_i)$ とすると，傾向スコアは

$$e(\mathbf{x}_i) = \text{Prob}(D_i = 1 \mid \mathbf{X}_i = \mathbf{x}_i) \quad (補\text{-}19)$$

と定義される．傾向スコアの求め方は，まず，処置群と対照群の双方を含むサンプルを用いて，処置ダミー D_i を被説明変数，共変量 **x** を説明変数とする回帰式を（補-20）式のプロビットモデル等で推定する．

$$D_i^* = \mathbf{x}_i\boldsymbol{\beta} + u_i \quad \text{ただし，} \quad D_i = \begin{cases} 1 \; if \; D_i^* > 0 \\ 0 \; if \; D_i^* \leq 0 \end{cases} \quad (補\text{-}20)$$

これらから得られたパラメーターをもとに推計された確率予測値が傾向スコアである．傾向スコアマッチングでは，たとえ共変量の中にいくつかの大きな違いがあったとしても，処置を受ける確率（傾向スコア）が近い人々を（ほぼ）同質であるとみなす．つまり，処置群の個人 i と同じ，または近い傾向スコアをもつ対照群の個人 j を個人 i の反実仮想としてマッチングさせる．すると，それぞれの結果の期待値が，$E[Y_{1i}]$ と $E[Y_{0i}]$ であるため，この差である $E[Y_{1i}] - E[Y_{0i}]$ が政策や環境変化の ATE となる．

　傾向スコアマッチングは，個人が有する多くの情報を傾向スコア1つに集約させて，それをもってマッチングを行うため，前述のマハラノビスマッチングと比べると扱いやすい．ただし，傾向スコアの差が最小でも，その差自体が大きい場合には良質なマッチングは行えない．そこで，2つの傾向スコアの差を一定値（$\varepsilon > 0$）以内に抑えるという条件を加えてマッチングを行うこともある．つまり，個人 i の傾向スコア P_i と個人 j の傾向スコア P_j との差の絶対値が，

$$\| P_i - P_j \| < \epsilon \quad (補\text{-}21)$$

となるような条件を課す．一定値 ε はキャリパーサイズと呼ばれ，Rosenbaum and Rubin（1985）では，推計された傾向スコアの標準偏差の4分の1を用いることが提案されている．こうしたマッチングの方法をキャリパーマッチング

(caliper matching) と言う．

傾向マッチング法で処置効果を識別するための条件

傾向マッチング法で ATE を識別するためには，「強く無視できる割り当て (strongly ignorable treatment assignment) 条件」と「重複の仮定 (overlap assumption)」（または「共有サポートの仮定 (common support)」とも呼ばれる）の双方が満たされていなければならない．

強く無視できる割り当て条件とは，傾向スコアで条件付けた際に，共変量と処置の割り当てが独立であるという仮定である．この条件は，同じ傾向スコアをもつ人々は，処置群であるか対照群であるかにかかわらず共変量の分布は等しい（個人属性が同じ）ということと，傾向スコアで条件付ければ，ある個人が処置群であるか対照群であるかにかかわらず，無作為実験を行ったかのように，処置を受ける確率が等しいということを示している．

重複の仮定（共有サポートの仮定）とは，処置を受ける確率は0から1の間にあるということを仮定するものである．処置群の個人の反実仮想を対照群から選ぶ際に，処置群と同じ，または近い傾向スコアをもつ個人を選ぶ必要があるが，そのような傾向スコアをもつ個人が対照群に存在しない場合には，そもそもマッチングを行うことができない．したがって，この仮定は，常に処置を受ける人（傾向スコアが1）や常に処置を受けない人（傾向スコアが0）を除外するものである．

これらに加えて，傾向スコアを推定する際に，除外制約 (exclusion restriction) が満たされていることが推奨されている．この制約は，傾向スコアの推定結果に影響を与える変数（共変量）と処置の割り当てに影響を与える変数（除外変数）を用いるというもので，除外変数は，操作変数法における操作変数に相当するものである．

傾向スコアマッチング (II)

前述のカリパーマッチングを用いても，事前に決定されたカリパー内に最良の反実仮想が存在しないこともあるため，これも含めた傾向スコアマッチングは（統計的な意味で）効率的ではないという指摘もある．こうした問題に対し

て，Heckman et al.（1997；1998）はノンパラメトリック回帰のカーネル推定を基本にしたマッチング方法を提案した．この方法は，対照群に含まれる全個人をマッチングの対象とするため，前述の方法よりも多くの情報を使うことができるという点で優れている．また，前述の Rosenbaum and Rubin（1983）で提案されている方法には，189 頁の「傾向マッチング法で処置効果を識別するための条件」で示したいくつかの強い制約が存在するため，それらの条件を緩和したより一般的な推定量であるともみなせる．

今，処置群の個人からなる集合を I_1，対照群の個人からなる集合 I_0 を考える．政策や環境変化の処置効果は，個人 $i \in I_1$ の結果 Y_{1i} と個人 $j \in I_0$ の結果 Y_{0j} を比較すればよい．このとき，傾向スコアを用いてマッチングさせたときの ATT は以下のように示すことができる．

$$\text{ATT} = \frac{1}{n_1} \sum_{i \in I_1 \cap S_p} \left[Y_{1i} - \sum_{i \in I_0 \cap S_p} W(i,j) Y_{0j} \right] \quad \text{(補-22)}$$

ただし，n_1 は処置群のサンプルサイズであり，$\sum_{i \in I_0 \cap S_p} W(i,j) Y_{0j}$ は，処置群とマッチされた全対照群の結果の加重平均である[8]．また，$W(i,j)$ はウェイト行列であり，個人 i と個人 j の傾向スコアの距離を調整するものである．このウェイト行列 $W(i,j)$ は，カーネル推定量や局所線形回帰（LLR, local linear regression）等のノンパラメトリック回帰分析によって推定される[9]．

---

8) Heckman et al.（1997；1998）は，DID 法の概念を用いて，

$$\text{ATT} = \frac{1}{n_1} \sum_{i \in I_1 \cap S_p} \left[(Y_{1ti} - Y_{1t'i}) - \sum_{i \in I_0 \cap S_p} W(i,j)(Y_{0tj} - Y_{0t'j}) \right]$$

を提案した．なお，S_p は重複の仮定（共有サポートの仮定）を満たす個人の集合を示す．また，t は処置が行われた後の時点を示し，t' は処置が行われる前の時点であることを示す．

9) 具体的には，カーネル推定量の際には，

$$W(i,j) = \frac{G\left(\frac{P_j - P_i}{h}\right)}{\sum_{k \in I_0} G\left(\frac{P_k - P_i}{h}\right)}$$

局所線形回帰を用いる際には，

$$W(i,j) = \frac{G_{ij} \sum_{k \in I_0} G_{ik}(P_k - P_i)^2 - [G_{ij}(P_j - P_i)][\sum_{k \in I_0} G_{ik}(P_k - P_i)]}{\sum_{j \in I_0} G_{ij} \sum_{k \in I_0} G_{ik}(P_k - P_i)^2 - \left(\sum_{k \in I_0} G_{ik}(P_k - P_i)\right)^2}$$

となる.ただし,$G(\cdot)$ は tricube カーネル関数で,$G_{ij}=((P_j-P_i)/h)$ である.また,h はスケール因子(ある範囲に含まれる観測値数)でカーネル関数によって決定されるものである.詳細は Guo and Fraser(2014)等を参照されたい.

参考文献

[英文]

Abadie, A., D. Drukker, J. L. Herr, and G. W. Imbens (2004) "Implementing Matching Estimators for Average Treatment Effects in Stata," *Stata Journal*, 4(3): 290-311.

Abadie, A. and G. W. Imbens (2006) "Large Sample Properties of Matching Estimators for Average Treatment Effects," *Econometrica*, 74(1): 235-267.

Achilles, C. (1999) *Let's Put Kids First, Finally: Getting Class Size Right*, Corwin Press.

Angrist, J. D. and J-S. Pischke (2009) *Mostly Harmless Econometrics: An Empiricist's Companion*, Princeton University Press (大森義明・小原美紀・田中隆一・野口晴子 (2013)『「ほとんど無害な」計量経済学：応用経済学のための実証分析ガイド』NTT出版).

Bertrand, M., E. Duflo, and S. Mullainathan (2004) "How Much Should We Trust Differences-in-Differences Estimates?" *Quarterly Journal of Economics*, 119(1): 249-275.

Blatchford, P. (2003) *The Class Size Debate: Is Small Better?* Open University Press.

Cameron, A. C., J. B. Gelbach, and D. L. Miller (2011) "Robust Inference with Multiway Clustering," *Journal of Business and Economic Statistics*, 29(2): 238-249.

Cameron, A. C. and P. Trivedi (2005) *Microeconometrics: Methods and Applications*, Cambridge University Press.

Cochran, W. G. (1957) "Analysis of Covariance: Its Nature and Uses," *Biometrics*, 13(3): 261-281.

Cox, D. R. and P. McCullagh (1982) "Some Aspects of Analysis of Covariance," *Biometrics*, 38(3): 541-561.

De Meijer, C., M. Koopmanschap, T. B. d' Uva, and E. van Doorslaer (2011) "Determinants of Long-term Care Spending: Age, Time to Death or Disability?" *Journal of Health Economics*, 30(2): 425-438.

Felder, S., A. Werblow, and P. Zweifel (2010) "Do Red Herrings Swim in Circles? Controlling for the Endogeneity of Time to Death," *Journal of Health Economics*, 29(2): 205-212.

Garber, A. M., T. MaCurdy, and M. McCellan (1999) "Medical Care at the End of Life: Diseases, Treatment Patterns, and Costs," in A. M. Garber, eds., *Frontiers in Health Policy Research*, 2: 77-98. The MIT Press.

Grossman, M. (1972) "On the Concept of Health Capital and Demand for Health," *Journal of Political Economy*, 80(2): 223-255.

Guo, S. and M. W. Fraser (2014) *Propensity Score Analysis: Statistical Methods and*

Applications (2nd ed.), SAGE.
Hashimoto, H., H. Horiguchi, and S. Matsuda (2010) "Micro Data Analysis of Medical and Long-term Care Utilization Among the Elderly in Japan," *International Journal of Environmental Research and Public Health*, 7(8): 3022-3037.
Heckman, J. J. (2013) *Giving Kids a Fair Chance: A Strategy That Works*, The MIT Press.
Heckman, J. J., H. Ichimura, and P. Todd (1997) "Matching as an Econometric Evaluation Estimator: Evidence from Evaluating a Job Training Programme," *Review of Economic Studies*, 64(4): 605-654.
Heckman, J. J., H. Ichimura, and P. E. Todd (1998) "Matching as an Econometric Evaluation Estimator," *Review of Economic Studies*, 65(2): 261-294.
Hoover, D. R., S. Crystal, R. Kumar, U. Sambamoorthi, and J. C. Cantor (2002) "Medical Expenditures During the Last Year of Life: Findings the 1992-1996 Medicare Current Beneficiary Survey," *Health Service Research*, 37(6): 1625-1642.
Imbens, G. W. and J. M. Wooldridge (2009) "Recent Developments in the Econometrics of Program Evaluation," *Journal of Economic Literature*, 47(1): 5-86.
Leuven, E. and B. Sianesi (2003) "PSMATCH2: Stata Module to Perform Full Mahalanobis and Propensity Score Matching, Common Support Graphing, and Covariate Imbalance Testing," http://ideas.repec.org/c/boc/bocode/s432001.html, version 4.0.5 (revision: April 18, 2012) (2016年11月17日最終確認).
Liu, K., J. M. Wiener, and M. R. Niefeld (2006) "End of Life Medicare and Medicaid Expenditures for Dually Eligible Beneficiaries," *Health Care Financing Review*, 27(4): 95-110.
Liu, Z., W. H. Dow, and E. C. Norton (2004) "Effect of Drive-through Delivery Laws on Postpartum Length of Stay and Hospital Charges," *Journal of Health Economics*, 23(1): 129-155.
Lubitz, J. and R. Prihoda (1984) "The Use of Costs of Medicare Services in the Last Two Years of Life," *Health Care Financing Review*, 5(3): 117-131.
Manning, W. G. and J. Mullahy (2001) "Estimating Log Models: To Transform or Not to Transform," *Journal of Health Economics*, 20(4): 461-494.
Manning, W. G., J. P. Newhouse, N. Duan, E. B. Keeler, and A. Leibowitz (1987) "Health Insurance and the Demand for Medical Care: Evidence from a Randomized Experiment," *American Economic Review*, 77(3): 251-277.
Moulton, B. (1986) "Random Group Effects and the Precision of Regression Estimates," *Journal of Econometrics*, 32(3): 385-397.
Murphy, K. M. and R. H. Topel (1985) "Estimation and Inference in Two-step Econometric Models," *Journal of Business and Economic Statistics*, 3(3): 370-379.
Newhouse, J. P. and the Insurance Experiment Group (1993) *Free for all? Lessons from the RAND Health Insurance Experiment*, Harvard University Press.

Noguchi, H. and S. Shimizutani (2009) "Supplier Density and At-home Care Use in Japan: Evidence from a Micro-level Survey on Long-term Care Receivers," *Japan and the World Economy*, 21(4): 365-372.
Orr, L. L., H. S. Bloom, S. H. Bell, F. Doolittle, W. Lin, and G. Cave (1996) *Does Training for the Disadvantaged Work? Evidence from the National JTPA Study*, Urban Institute Press.
Polder, J. J., J. J. Barendregt, and H. van Oers (2006) "Health Care Costs in the Last Year of Life: The Dutch Experience," *Social Science and Medicine*, 63(7): 1720-1731.
Robins, P. (1985) "A Comparison of the Labor Supply Findings from the Four Negative Income Tax Experiments," *Journal of Human Resources*, 20(4): 567-582.
Rosenbaum, P. R. and D. B. Rubin (1983) "The Central Role of the Propensity Score in Observational Studies for Causal Effects," *Biometrika*, 70(1): 41-55.
Rosenbaum, P. R. and D. B. Rubin (1985) "Constructing a Control Group Using Multivariate Matched Sampling Methods That Incorporate the Propensity Score," *American Statistician*, 39(1): 33-38.
Rubin, D. B. (1980) "Bias Reduction Using Mahalanobis-metric Matching," *Biometrics*, 36(2): 293-298.
Sato, E. and K. Fushimi (2009) "What Has Influenced Patient Health-care Expenditures in Japan?: Variables of Age, Death, Length of Stay, and Medical Care," *Health Economics*, 18(7): 843-853.
Scitovsky, A. A. (1984) "'The High Cost of Dying': What Do the Data Show?" *Milbank Quarterly*, 62(4): 591-608.
Seshamani, M. and A. M. Gray (2004) "A Longitudinal Study of the Effects of Age and Time to Death on Hospital Costs," *Journal of Health Economics*, 23(2): 217-235.
Stata Corporation (2015) *Stata Treatment-effects Reference Manual: Potential Outcomes/ Counterfactual Outcomes*, Release 14, Stata Press.
Stearms, S. C. and E. C. Norton (2004) "Time to Include Time to Death: The Future of Health Care Expenditure Predictions," *Health Economics*, 13(4): 315-327.
Stigler, S. M. (1997) "Regression Towards the Mean, Historically Considered," *Statistical Methods in Medical Research*, 6(2): 103-114.
Stock, J. H. and M. M. Watson (2014) *Introduction to Econometrics, Updated Third Edition*, Peason Education Limited.
Weaver, F., S. C. Stearms, E. C. Norton, and W. Spector (2009) "Proximity to Death and Participation in the Long-term Care Market," *Health Economics*, 18(8): 867-883.
Werblow, A., S. Felder, and P. Zweifel (2007) "Population Aging and Health Care Expenditure: A School of 'Red Herrings'?" *Health Economics*, 16(10): 1109-1126.
Wooldridge, J. M. (2010) *Econometric Analysis of Cross Section and Panel Data*, The MIT Press.
Yoshida, A. and A. Kawamura (2008) "Budget Systems and Moral Hazard in the

National Health Insurance and the Long-term Care Insurance," 日本経済学会 2008 年度秋季大会, 報告論文.
Yuda, M. (2016) "Inefficiencies in the Japanese National Health Insurance System: A Stochastic Frontier Approach," *Journal of Asian Economics*, 42: 65-77.
Zweifel, P., S. Felder, and M. Meiers (1999) "Aging of Populations and Health Care Expenditure: A Red Herring?" *Health Economics*, 8(6): 485-496.

[和文]
阿波谷敏英 (2004)「死亡前一年間の医療および介護費用の検討」『季刊社会保障研究』40(3): 236-243.
井伊雅子・大日康史 (2002)「高齢者介護における予防行動」『医療サービス需要の経済分析』日本経済新聞社, 195-210.
池田省三 (2004a)「介護費と医療費の相関関係 (上)」『月刊介護保険』99: 68-69.
池田省三 (2004b)「介護費と医療費の相関関係 (下)」『月刊介護保険』99: 74-75.
泉田信行 (2003)「国保制度における保険者の規模」山崎泰彦・尾形裕也編『医療制度改革と保険者機能』東洋経済新報社, 121-136.
市村英彦 (2010)「ミクロ実証分析の進展と今後の展望」日本経済学会編『日本経済学会 75 年史』有斐閣, 289-361.
伊藤和彦・大渕修一・辻一郎 (2011)「介護予防の効果に関する実証分析:『介護予防事業等の効果に関する総合的評価・分析に関する研究』における傾向スコア調整法を導入した運動器の機能向上プログラムの効果に関する分析」『医療と社会』21(3): 265-281.
岩崎学 (2002)「『処置前—処置後』データの解析と平均への回帰」『行動計量学』29(2): 247-273.
岩本康志・福井唯嗣 (2011)「医療・介護保険の費用負担の動向」『京都産業大学論集 社会科学系列』28: 159-193.
印南一路 (2009)『「社会的入院」の研究:高齢者医療最大の病理にいかに対処すべきか』東洋経済新報社.
大日康史 (2002)「高齢化の医療費への影響及び入院期間の分析」『季刊社会保障研究』38(1): 52-66.
岡崎昭 (1995)『医療保障とその仕組み』晃洋書房.
岡本悦司 (2012)「医療経済研究へのプロペンシティスコア (傾向スコア) 法の活用:特定保健指導の経済評価の経験から」『医療経済研究』24(2): 73-85.
岡山明 (2010)『医療保険者による特定健診・特定保健指導が医療費に及ぼす影響に関する研究:平成 21 年度総括研究報告書』厚生労働科学研究費補助金政策科学総合研究事業 (政策科学推進研究事業).
小椋正立・入舩剛 (1990)「わが国の人口の老齢化と各公的医療保険の収支について」『フィナンシャル・レビュー』17: 51-77.
小椋正立・鈴木玲子 (1998)「日本の老人医療費の分配上の諸問題について」『日本経済

研究』36: 154-184.
介護予防継続的評価分析等検討会（2008a）「介護予防サービスの定量的な効果分析について（第2次分析結果）（案）」第4回介護予防継続的評価分析等検討会資料1.
介護予防継続的評価分析等検討会（2008b）「介護予防サービスの利用回数の変化ごとの介護度の変化について」第4回介護予防継続的評価分析等検討会資料2.
介護予防継続的評価分析等検討会（2008c）「介護予防サービスの利用回数の変化ごとの介護度の変化について」第4回介護予防継続的評価分析等検討会参考資料1.
介護予防継続的評価分析等検討会（2009）「介護予防サービスの費用対効果分析について」第6回介護予防継続的評価分析等検討会参考資料1.
金井利之（1994）「地域福祉と財政調整」『季刊社会保障研究』30(3): 239-248.
川上憲人・小林廉毅・橋本英樹編（2006）『社会格差と健康：社会疫学からのアプローチ』東京大学出版会.
川口大司（2008）「労働政策評価の計量経済学」『日本労働研究雑誌』579: 16-28.
河口洋行・開原成允・菅原琢磨・細小路岳史・大西正利・橋口徹・岡村世里奈（2005a）「公的介護保険導入後の長期入院と介護サービス給付に関する研究（上）：連結した医療・介護レセプトデータによる個票分析」『社会保険旬報』2232, 6-13.
河口洋行・開原成允・菅原琢磨・細小路岳史・大西正利・橋口徹・岡村世里奈（2005b）「公的介護保険導入後の長期入院と介護サービス給付に関する研究（下）：連結した医療・介護レセプトデータによる個票分析」『社会保険旬報』2233, 32-38.
菅万理・鈴木亘（2005）「医療消費の集中と持続性に関する考察」『医療と社会』15(1): 129-146.
菊池潤（2010）「高齢期の介護ニーズが在院日数に与える影響：福島県三春町医療・介護個票データを用いた分析」『季刊社会保障研究』46(3): 235-248.
岸田研作（2002）「国民健康保険の事務費と規模の経済：近畿7府県の国保のパネルデータを用いた分析」『日本経済研究』45：246-261.
北浦義朗（2007）「国民健康保険料（税）の水平的不平等性」関西社会経済研究所, Discussion Paper Series, 8.
北島勉・北澤健文・曹光仁・野山修（2001）「地理情報システムを用いた通所介護施設への地域高齢者の地理的アクセス推計の試み」『日本公衆衛生雑誌』48(8): 613-619.
北村行伸（2006）「パネルデータの意義とその活用：なぜパネルデータが必要となったのか」『日本労働研究雑誌』551: 6-16.
木村陽子（1994）「国民健康保険の地域格差：予備的考察」『医療と社会』3(2): 74-92.
郡司篤晃編著（1998）『老人医療費の研究』丸善プラネット.
健康保険組合連合会（2012）『平成22年度　健保組合の特定健診・特定保健指導に関する調査分析報告書』健康保険組合連合会IT推進部データ分析推進グループ.
厚生省（1995）「厚生省高齢者介護対策本部が老人保健福祉審議会に提出した資料」『週刊社会保障』1837: 68-81.
厚生労働省（2005）「中長期の医療費適正化効果を目指す方策について」第17回厚生労働省社会保障審議会医療保険部会資料1.

厚生労働省（2007）『国保ヘルスアップモデル事業の実績をふまえた特定保健指導を核とした市町村国保における保健事業実施のための手引書』．
厚生労働省（2011a）「リハビリテーションについて」第83回社会保障審議会介護給付費分科会資料2．
厚生労働省（2011b）「特定健診・保健指導の効果の検証について」第6回保険者による健診・保健指導等に関する検討会資料．
厚生労働省（2012）「前回委員より指摘のあった事項について」第4回厚生労働省版提言型政策仕分け資料．
厚生労働省（2014a）「特定健診・保健指導の医療費適正化効果等の検証のためのワーキンググループ中間とりまとめ」第12回保険者による健診・保健指導等に関する検討会資料．
厚生労働省（2014b）「特定健診・保健指導の医療費適正化効果等の検証のためのワーキンググループ第二次中間取りまとめ」第13回保険者による健診・保健指導等に関する検討会資料．
小松秀和（2005）『日本の医療保険制度と費用負担』ミネルヴァ書房．
小山光一（1997）「医療保険制度の構造とメカニズム」『経済学研究（北海道大学）』47(2): 203-224．
齊藤愼（1991）「国民健康保険と地方財政」『大阪大学経済学』41(2・3): 332-344．
徐東敏・近藤克則（2010）「新予防給付導入による介護サービス利用回数変化とアウトカム：検討会報告書と異なる分析手法による異なる所見」『季刊社会保障研究』46(3): 264-273．
末石直也（2015）『計量経済学：ミクロデータ分析へのいざない』日本評論社．
菅原琢磨・南部鶴彦・開原成允・河口洋行・細小路岳史（2005）「介護保険と老人保健の利用給付関係の検討：個票データを用いた栃木県大田原市における例」田近栄治・佐藤主光編『医療と介護の世代間格差：現状と改革』東洋経済新報社，167-188．
鈴木亘（2000）「医療保険における世代間不公平と積立金を持つフェアな財政方式への移行」『日本経済研究』40: 88-104．
鈴木亘（2001）「国民健康保険補助金制度の目的整合性とインセンティブに関する実証分析」『生活経済研究』16: 91-103．
鈴木亘（2004a）「終末期医療の患者自己選択に関する実証分析」『医療と社会』14(3): 175-189．
鈴木亘（2004b）「構造改革特区をどのように評価すべきか：プログラム政策評価の計量手法からの考察」『会計検査研究』30: 145-157．
鈴木亘（2015）「レセプトデータによる終末期医療費の削減可能性に関する統計的考察」『経済論集（学習院大学）』52(1): 15-47．
鈴木亘・岩本康志・湯田道生・両角良子（2015）「特定健診・特定保健指導の効果測定：プログラム評価の計量経済学からのアプローチ」『医療経済研究』27(1): 2-39．
鈴木亘・鈴木玲子（2003）「寿命の長期化は老人医療費増加の要因か？」『国際公共政策研究（大阪大学）』8(2): 1-14．

全国労働衛生団体連合会（2011）『特定保健指導の効果に関する特別調査結果報告書』全国労働衛生団体連合会・保健指導研究会．
高橋和行・扇原淳（2009）「地理情報システムによる通所介護施設と地域高齢者の地理的分布の可視化」『社会医学研究』26(2)：75-85．
高橋美保子・小田切陽一・内田博之（2006）「地理情報システム（GIS）を使用した介護サービス施設の配置に関する検討：甲府市の通所介護施設を事例として」『山梨県立大学看護学部紀要』8：1-8．
田近栄治・菊池潤（2005）「介護保険による要介護状態の維持・改善効果：個票データを用いた分析」『季刊社会保障研究』41(3)：248-262．
田近栄治・菊池潤（2011）「死亡前12か月の高齢者の医療と介護：利用の実態と医療から介護への代替の可能性」『季刊社会保障研究』47(3)：304-319．
田近栄治・佐藤主光編（2005）『医療と介護の世代間格差』東洋経済新報社．
田近栄治・油井雄二（1999）「高齢化と国民健康保険・介護保険：財政の視点から」『季刊社会保障研究』35(2)：128-140．
田中隆一（2015）『計量経済学の第一歩：実証分析のススメ』有斐閣．
地方財政基本問題研究委員会（1990）「医療保険に関する財政調整の研究」『平成元年度地方財政基本問題研究委員会報告書』地方自治協会．
長寿社会開発センター（1994）『老人医療と終末期医療に関する日米比較研究報告書』．
辻一郎・大渕修一・杉山みち子・植田耕一郎・大原里子・安村誠司・本間昭・大野裕・鈴木孝雄・大久保一郎・丹後俊郎（2009）『介護予防事業などの効果に関する総合的評価・分析に関する研究 報告書』日本公衆衛生協会．
津下一代（2012）『生活習慣病予防活動・疾病管理による健康指標に及ぼす影響と医療費適正化効果に関する研究：平成23年度総括・分担研究報告書』平成23年度厚生労働科学研究費補助金（循環器疾患・糖尿病等生活習慣病対策総合研究事業）．
東京都保険者協議会（2010）『平成21年度　特定健診・特定保健指導の評価と実施事例報告書：特定健診・特定保健指導を円滑に進めるために』特定健康診査・特定保健指導等評価検討委員会．
鴇田忠彦（2004）『日本の医療改革：レセプトデータによる経済分析』東洋経済新報社．
徳永睦・橋本英樹（2010）「地域の介護サービス資源量の増加が高齢の長期入院患者の退院先・在院日数に与える影響の検証」『季刊社会保障研究』46(3)：192-203．
二木立（1995）『日本の医療費：国際比較の視角から』医学書院．
野口晴子（2010）「医療資源の偏在が受診行動範囲，診療日数，医療費に与える影響について：国民健康保険レセプトデータに基づく実証的検証」『季刊社会保障研究』46(3)：217-234．
野口晴子（2016）「医療需要の実証分析」橋本英樹・泉田信行編『医療経済学講義　補訂版』東京大学出版会，81-99．
橋口徹・細小路岳史・大西正利・菅原琢磨・河口洋行・開原成允（2004a）「介護保険導入による自治体の老人保健財政および一般会計への影響：栃木県大田原市での実態調査から（上）」『社会保険旬報』2196：6-9．

橋口徹・細小路岳史・大西正利・菅原琢磨・河口洋行・開原成允（2004b）「介護保険導入による自治体の老人保健財政および一般会計への影響：栃木県大田原市での実態調査から（下）」『社会保険旬報』2197: 28-33.

畑農鋭矢（2004）「社会的入院の定量的把握と費用推計」『医療経済研究』15: 23-35.

花岡智恵・鈴木亘（2007）「介護保険導入による介護サービス利用可能性の拡大が高齢者の長期入院に与えた影響」『医療経済研究』19(2): 111-127.

林宜嗣（1995）「自治体の国民健康保険財政」『季刊社会保障研究』31(3): 243-251.

府川哲夫（1995）「老人医療における社会的入院についての統計的アプローチ」『医療経済研究』2: 47-54.

府川哲夫（1998）「老人死亡者の医療費」郡司篤晃編著『老人医療費の研究』丸善プラネット，76-87.

府川哲夫・郡司篤晃（1994）「老人死亡者の医療費」『医療経済研究』1: 107-118.

古井祐司（2009）『わかるとかわる特定健診・保健指導』カザン．

前田由美子（2002）「高齢者の医療費と介護費の分析：地域格差を中心に」日医総研ワーキングペーパー，76.

森田果（2014）『実証分析入門』日本評論社．

両角良子・岩本康志・湯田道生（2015）「介護サービスの利用環境が要介護高齢者の要介護度に与える影響：訪問リハビリテーション・通所リハビリテーションに着目して」医療経済学会第10回研究大会，報告論文．

山内康弘（2004）「訪問介護費と事業者密度」『医療と社会』14(2): 103-118.

山田武（1998）「国民健康保険の総務費と規模の経済の検討」『国民健康保険と地方財政に関する研究』財政経済協会．

湯田道生（2005）「介護事業者密度が介護サービス需要に与える影響」『季刊社会保障研究』40(4): 373-386.

湯田道生（2007）「高齢者の外来医療需要における総価格弾力性の計測」『日本経済研究』57: 23-52.

湯田道生（2010）「国民健康保険における被保険者の最小効率規模」『医療経済研究』21(3): 305-325.

湯田道生・鈴木亘・両角良子・岩本康志（2013）「『介護予防給付の導入が要支援者の要介護状態の変化に与える影響』付録」，https://sites.google.com/site/yudamichi/home/research/jpublication（2016年11月17日最終確認）．

吉田あつし（2009）『日本の医療のなにが問題か』NTT出版．

吉田裕人・藤原佳典・天野秀紀・熊谷修・渡辺直紀・李相侖・森節子・新開省二（2007）「介護予防事業の経済的側面からの評価：介護予防事業参加群と非参加群の医療・介護費用の推移分析」『日本公衆衛生雑誌』54(3): 156-167.

初出一覧

序章
　書き下ろし

第1章
　鈴木亘・岩本康志・湯田道生・両角良子（2013）「レセプトデータを用いた医療費・介護費の分布特性に関する分析」『医療経済研究』24(2)： 86-107.

第2章
　Yuda, Michio, Wataru Suzuki, Ryoko Morozumi, and Yasushi Iwamoto (2013) "An Empirical Investigation of Causal Interrelationship between Medical and Long-term Care Expenditures in the Last Year of Life," The 9th World Congress of the International Health Economics Association，報告論文．

第3章
　鈴木亘・岩本康志・湯田道生・両角良子（2013）「高齢者医療における社会的入院の規模：福井県国保レセプトデータによる医療費からの推計」『医療経済研究』24(2)： 108-127.

第4章
　両角良子・鈴木亘・湯田道生・岩本康志（2013）「通所リハビリテーションの提供体制の整備が介護費に与える影響」『医療経済研究』24(2)： 128-142.

第5章
　湯田道生・鈴木亘・両角良子・岩本康志（2013）「介護予防給付の導入が要支援者の要介護状態の変化に与える影響」『季刊社会保障研究』49(3)： 310-325.

第6章
　鈴木亘・岩本康志・湯田道生・両角良子（2015）「特定健診・特定保健指導の効果測定：プログラム評価の計量経済学からのアプローチ」『医療経済研究』27(1)： 2-39.

第7章
　湯田道生・岩本康志・鈴木亘・両角良子（2012）「国民健康保険の医療費と保険料の将来予測：レセプトデータに基づく市町村別推計」『会計検査研究』46： 33-44.

第8章
　書き下ろし

補論
　書き下ろし

索　引

あ 行

アクセシビリティ仮説　47
あっとほーむいきいき館　81
「新たな制度に関する基本方針」　160
一般会計からの繰入　154, 159
医療・介護貯蓄勘定　37
医療・介護保険財政モデル　159
医療機関密度　10, 80
医療ソーシャルワーカー（MSW）　55
医療と介護の相互依存関係　167
医療番号　175
医療費適正化計画　11, 151
「医療費等の将来見通し及び財政影響試算」　156, 159
医療保険給付費レセプトデータ　5, 20, 79, 84
因果関係　40
因果効果　46-47, 104, 177
打ち切りデータ　90
HDLコレステロール　129
エピソードデータ　70
おおい町国民健康保険名田庄診療所　81
おおい町名田庄町営ホテル流星館　82
おおい町保健・医療・福祉総合施設なごみ　81
おおい町役場名田庄総合事務所　81
奥越　8

か 行

カーネル推計　56
カーネル推定量　190
会計検査院　171
介護納付金　158, 174
介護保険給付費等レセプトデータ　6, 20, 41, 79, 84
介護保険制度　77, 97
介護保険法　78
介護予防給付　13, 97-98, 102, 166
介入群　127
確率フロンティアモデル　154
キャリパーサイズ　188
キャリパーマッチング　188-189
観察データ　178
完全マッチング　187
基準超者　128
逆の因果関係　99
旧名田庄村役場　81
協会けんぽ　172
供給者誘発需要仮説　47-48
共分散分析　129
共有サポートの仮定　189
局所回帰　109
局所線形回帰　190
空腹時血糖　129
傾向スコア　108, 188
傾向スコアマッチング　98-99, 108, 137, 186-188
系列相関　184
血圧　129
欠落変数バイアス　185
健康寿命　97
健康政策　2
広域化　37
高額医療費共同事業　155, 159
後期高齢者医療制度　20, 56, 173
後期高齢者支援金　126, 158
構造型　168
高齢化率　9
高齢者医療制度改革会議　152
国保データベースシステム　173
『国民健康保険事業状況』　157, 160
国民健康保険総合保健施設　81

国民健康保険レセプトデータ 41
国庫負担 158
固定効果モデル 134
根拠に基づく政策 170
根拠に基づく健康政策 3

さ 行

最近傍マッチング 187
最近傍マハラノビスマッチング 109
財政調整制度 153
再保険 152
差の差の推定
差の差の推定法 79, 137, 177, 180-182
差の差の推定量 182
サンプルセレクションバイアス 108
識別制約 168
識別問題 178
事業者密度 10, 80
次元の呪い 136, 187
次元の問題 187
施策の効果分析 165
自然実験 78, 137, 177
疾病管理 126
死亡者 41
死亡前費用 39-40
社会実験 169
社会的入院 12, 19, 53, 166
社会保険 68
社会保険表章用疾病分類 65
社会保障審議会介護給付費分科会 78
集中度 31
集中度の持続性 31
終末期 39-40
順序プロビットモデル 109
消費者物価指数 42
『将来推計人口（2006年12月推計）』 160
除外制約 109, 189
処置群 78, 111, 127, 179-180, 182, 184, 189
処置効果 177-178, 182, 185
処置を受けた人々の平均処置効果 111, 186
自立支援 78

新・保険者事務共同電算処理システム 5
生活の質 68, 97
生活保護者世帯 41
政策の効果 167
生存者 41
制度横断的 173
接合 171
積極的支援 125, 128
セレクションバイアス 98-99
前期高齢者 152
線形確率モデル 91, 187
潜在変数 104
相関関係 46
相互因果関係 40, 46
総合的パネルデータ 2, 4
操作変数法 135, 189
措置制度 1

た 行

対照群 79, 81, 111, 127, 166, 169, 179-180, 182, 184, 188
多重共線性 47
丹南 8, 80
地域医療構想 11
地域間格差 153
逐次クロスセクションデータ 90
中間評価 170
長期データ 169
長期入院 61-62
長期入院患者 69
重複の仮定 189 →共有サポートの仮定
通所リハビリテーション 13, 78, 165
強く無視できる割り当て条件 137, 189
提言型政策仕分け 98
電算機システム 175
動機付け支援 125, 128
トービットモデル 90
特定健康診査 2, 125
特定健診実施率 9
特定健診・特定保健指導データ 7
特定保健指導 2, 125, 166

索 引　205

特定保健指導実施率　9
「特別養護老人ホームの入所申込者の状況」　54
突合　171
都道府県単位の統合　37, 164
都道府県負担　158

　　な 行

内生性問題　108, 134
ナショナルデータベース　3, 68, 127, 129, 170-171, 174
2次医療圏　8, 59, 80
2段階推定法　47-48
日本経済研究センター　80
『日本の市区町村別将来推計人口（平成20年12月推計）』　157
入院期間ベース　62

　　は 行

ハッシュ値　171
バランステスト　143
反実仮想　108, 181-182, 189
左打ち切り（left-censored）問題　71
ビッグデータ　3
被保険者証等記号　171
被保険者番号　174
被用者保険　169, 174
費用ベース　57, 62
腹囲　126, 129
福井・坂井　8, 80
Breusch-Pagan検定　28
プログラム評価　177-178
プログラム評価の計量経済学　14, 127
プログラム評価問題　179
プロビットモデル　108, 188
平均在院日数　9
平均寿命　9
平均処置効果　180, 185
平均への回帰　12, 14, 33, 126
並行トレンド　144, 184

保険基盤安定事業　159
保険財政共同安定化事業　155, 159
保険間の財政調整　37
保険者による健診・保健指導等に関する検討会　148
保険者番号　171

　　ま 行

マイナンバー　175
マッチング　136, 177, 180, 185
マッチングデータ　56
マハラノビス距離　186
マハラノビスマッチング　136, 186
道の駅名田庄　82
メタボリックシンドローム　9, 125

　　や 行

誘導型　168
要介護度　9
要介護認定　41, 47, 99, 101
予防施策　169
弱い操作変数　135

　　ら 行

療養諸費　153
療養病床　53-54
療養病棟入院基本料　60
嶺南　8, 80
嶺北　8
レセプトデータ　101
連続入院期間　69
連立トービットモデル　46, 48
老人医療　56
ロジットモデル　91

　　アルファベット

ATE（average treatment effect）　→平均処置効果

ATT (average treatment effect on the treated) →処置を受けた人々の平均処置効果
BMI (Body Mass Index) 126, 128
caliper matching →カリパーマッチング
censored data →打ち切りデータ
CMIA (Conditional Mean Independene Assumption) 134
common support →共有サポートの仮定
control group →対照群
counterfactual →反実仮想
curse of dimensionality →次元の呪い
DID (difference-in-differenes) →差の差の推定
dimensionality problem →次元の問題
disease management →疾病管理
EBHP (evidence-based health policy) →根拠に基づく健康政策
exact matching →完全マッチング
exclusion restriction →除外制約
HbA1c 129
KDB →国保データベースシステム
LLR (local linear regression) →局所線形回帰
Mahalanobis distance →マハラノビス距離

Mahalanobis matching →マハラノビスマッチング
natural experiment →自然実験
NDB (National Data Base) →ナショナルデータベース
nearest neighbor matching →最近傍マッチング
omitted variable bias →欠落変数バイアス
parallel trend →並行トレンド
partial compliance 127, 137
propensity score matching →傾向スコアマッチング
QOL (Quality of Life) →生活の質
regression to the mean →平均への回帰
repeated cross section data →逐次クロスセクションデータ
strongly ignorable treatment assignment →強く無視できる割り当て
SUR (Seemingly Unrelated Regression) 28
treatment group →処置群
weak instruments →弱い操作変数

執筆者紹介

岩本康志（いわもと・やすし）　東京大学大学院経済学研究科教授
1984年京都大学経済学部卒業，1986年大阪大学大学院経済学研究科修士課程修了．1991年大阪大学より経済学博士取得．大阪大学社会経済研究所助手，同経済学部講師，京都大学経済研究所助教授，一橋大学大学院経済学研究科教授を経て，2005年から現職．
主要著作　『金融機能と規制の経済学』東洋経済新報社，2001年（共著），『社会福祉と家族の経済学』東洋経済新報社，2001年（編著，第3回NIRA大来政策研究賞），『マクロ経済学』有斐閣，2010年（共著）．

鈴木亘（すずき・わたる）　学習院大学経済学部教授
1994年上智大学経済学部卒業，2000年大阪大学大学院経済学研究科博士後期課程単位取得退学．2001年大阪大学より博士（経済学）取得．大阪大学大学院国際公共政策研究科助教授，東京学芸大学教育学部助教授，学習院大学経済学部准教授等を経て，2009年から現職．
主要著作　『生活保護の経済分析』東京大学出版会，2008年（共著，第51回日経・経済図書文化賞），『だまされないための年金・医療・介護入門：社会保障改革の正しい見方・考え方』東洋経済新報社，2009年（第9回日経BP・BizTech図書賞，政策分析ネットワーク・第1回政策分析ネットワーク賞（奨励賞）），『経済学者　日本の最貧困地域に挑む』東洋経済新報社，2016年．

両角良子（もろずみ・りょうこ）　富山大学経済学部准教授
1998年北海道大学経済学部卒業，2003年東京大学大学院経済学研究科博士課程単位取得退学．2007年東京大学より博士（経済学）取得．富山大学経済学部講師を経て，2008年から現職．
主要著作　"The Impact of Smoke-free Workplace Policies on Smoking Behaviour in Japan" (with M. Ii, *Applied Economics Letters*, 13(9): 549-555. 2006), "Increased Financial Burden among Patients with Chronic Myelogenous Leukaemia Receiving Imatinib in Japan: A Retrospective Survey" (with Y. Kodama *et al.*, *BMC Cancer*, 12(152). 2012), "A Test of a Unitary Model on Labour Supply Using the Information of Household Decision-making Systems" (*Applied Economics*, 44(33): 4291-4300. 2012).

湯田道生（ゆだ・みちお）　中京大学経済学部准教授
2002年横浜国立大学経済学部卒業，2007年一橋大学大学院経済学研究科博士後期課程修了・博士（経済学）取得．中京大学経済学部講師を経て，2010年から現職．
主要著作　"Effects of Informal Caregivers' Health on Care Recipients" (with J. Lee, *Japanese Economic Review*, 67(2): 192-210. 2016), "Inefficiencies in the Japanese National Health Insurance System: A Stochastic Frontier Approach" (*Journal of Asian Economics*, 42: 65-77. 2016), 『公共経済学研究Ⅴ』勁草書房，2012年（共編著）．

健康政策の経済分析
レセプトデータによる評価と提言

2016 年 12 月 26 日　初　版
2018 年 1 月 30 日　第 2 刷

［検印廃止］

著　者　岩本康志・鈴木　亘
　　　　両角良子・湯田道生

発行所　一般財団法人　東京大学出版会

　　　　代表者　吉見俊哉

　　　　153-0041 東京都目黒区駒場 4-5-29
　　　　http://www.utp.or.jp/
　　　　電話 03-6407-1069　Fax 03-6407-1991
　　　　振替 00160-6-59964
印刷所　株式会社三秀舎
製本所　誠製本株式会社

© 2016 Yasushi Iwamoto, Wataru Suzuki,
　　Ryoko Morozumi and Michio Yuda
ISBN 978-4-13-046120-7 Printed in Japan

JCOPY 〈(社)出版者著作権管理機構 委託出版物〉
本書の無断複写は著作権法上での例外を除き禁じられています．複写される
場合は，そのつど事前に，(社)出版者著作権管理機構(電話 03-3513-6969,
FAX 03-3513-6979, e-mail : info@jcopy.or.jp) の許諾を得てください．

阿部彩・國枝繁樹・鈴木亘・林正義
生活保護の経済分析　　　　　　　　　　　A5・3800 円

橋本英樹・泉田信行編
医療経済学講義［補訂版］　　　　　　　　A5・3200 円

小塩隆士・田近栄治・府川哲夫
日本の社会保障政策　　　　　　　　　　　A5・3800 円

宮島洋・西村周三・京極髙宣編
社会保障と経済（全3巻）　　　　　　　　A5・各 4200 円

島崎謙治
日本の医療　　　　　　　　　　　　　　　A5・4800 円

川上憲人・橋本英樹・近藤尚己編
社会と健康　　　　　　　　　　　　　　　A5・3800 円

川上憲人・小林廉毅・橋本英樹編
社会格差と健康　　　　　　　　　　　　　A5・3400 円

松田晋哉・伏見清秀編
診療情報による医療評価　　　　　　　　　A5・4200 円

東京大学高齢社会総合研究機構編
地域包括ケアのすすめ　　　　　　　　　　A5・3500 円

JST 社会技術研究開発センター・秋山弘子編著
高齢社会のアクションリサーチ　　　　　　B5・2800 円

ここに表示された価格は本体価格です．御購入の
際には消費税が加算されますので御了承ください．